LA MORALE DE DESCARTES

LA

MORALE DE DESCARTES

PAR

Georges TOUCHARD

Avocat à la Cour d'Appel de Paris

Docteur ès-Lettres

———

PARIS

ERNEST LEROUX, EDITEUR

28, Rue Bonaparte, 28

—

1898

PRÉFACE

La question de l'existence de la Morale cartésienne a
été souvent débattue.

M. Brunetière (1) la réduit à la première maxime du
Discours de la Méthode et, selon lui, « toutes les questions
qui intéressent la conduite n'ont pas d'importance aux
yeux de Descartes ».

Sans être aussi sévère, M. Delbos (2) lui reproche de
se montrer « peu soucieux de l'unité méthodique » et « de
se contenter de proposer des préceptes au lieu de principes, des maximes au lieu de raisons. »

M. Boutroux (3), au contraire, soutient que la philosophie de Descartes renferme vraiment en elle les germes
d'une morale, dont il définit les caractères avec une rare
précision.

Cette magistrale étude paraissait au moment où nous
écrivions ce travail. Nos méditations nous ont conduit à la

(1) *Etudes sur l'histoire de la littérature française,* 4ᵉ série, 1891. *Cartésianisme et Jansénisme,* p. 125.
(2) *Le problème moral dans la Philosophie de Spinoza et dans l'histoire du
spinozisme,* ALCAN, 1893, p. 7.
(3) *Du rapport de la Morale à la Science dans la philosophie de Descartes,*
Revue de Métaphysique et de Morale. Juillet 1896, p. 502. V. dans le même sens
Alf. FOUILLÉE, *Descartes,* 1893, Hachette, p. 144 et suiv.

même conclusion et nos recherches historiques nous ont confirmé dans cette opinion.

Nous croyons que le problème moral n'a été ni négligé ni éliminé par Descartes. Il y a songé dès l'origine. « J'avois toujours, écrit-il en 1637 (1), un extrême désir d'apprendre à distinguer le vrai d'avec le faux pour voir clair en mes actions et marcher avec assurance en cette vie ». Et ce n'est pas là une vue momentanée : il déclare dans la préface des *Principes* (2), que, pour donner aux hommes un corps de Philosophie tout entier, il devrait « traiter exactement de la Morale ».

S'il ne l'a pas fait, ce n'est donc pas seulement par prudence, c'est aussi parce qu'il l'envisageait comme le couronnement de toutes les sciences (3) et que le temps ne lui permit pas d'achever son œuvre.

Toutefois, pendant qu'il construisait « son logis », déjà préoccupé de bien vivre, il a commencé par se faire « une morale provisoire ». Il l'a exposée dans la troisième partie du *Discours* et dans ses lettres à la princesse Elisabeth et à la reine de Suède. « Si imparfaite qu'elle soit, elle peut être suivie pendant qu'on n'en sait pas encore de meilleure (4). »

Elle est loin en effet d'être aussi insuffisante qu'elle est apparue à M. Brunetière. Née d'une double tendance qui divise éternellement la pensée humaine, le doute et le devoir, elle répond à un double besoin.

(1) *Discours de la Méthode*, 1re partie.

(2) *Lettre-Préface* à l'abbé Picot, traducteur des *Principes de la Philosophie*. Œuvres de DESCARTES, édit. Cousin, t. III, p. 23.

(3) V. *Préface des Principes*, loc. cit., et Gabriel SÉAILLES, *Quid de Ethica Cartesius senserit?* Paris, 1883, p. 2.

(4) *Préface des Principes*, loc. cit.

Faite de sagesse et de réserve, elle n'enchaîne pas la liberté, et en même temps par sa grandeur elle donne déjà à la conscience, malgré son idéal purement humain, la satisfaction qu'elle réclame. Elle n'exige qu'une chose : la pratique de la vertu : par là elle prétend conduire dès cette vie au souverain bien.

Aussi n'a-t-elle pas vieilli : sans le savoir, beaucoup la suivent encore aujourd'hui. Elle reste, au milieu de leurs hésitations, le fanal qui les éclaire et les rassure.

Elle montre à nos âmes inquiètes qu'il existe des refuges et tout un ensemble de postulats moraux, qui défient nos scepticismes et nos ironies.

On dirait que Descartes a deviné les incertitudes de la conscience moderne et compris son insatiable besoin de vérité. Il a, en tous cas, trouvé « le roc » solide, sur lequel on peut en toute sécurité se fixer et laisser passer l'orage. Il a vraiment « posé la planche de salut où passeront les gens qui ne peuvent commencer par croire (1) ».

La première partie de cette étude sera consacrée à l'exposé des théories morales de Descartes. Les maximes du *Discours* et les lettres sur le bonheur en fourniront les principaux éléments. Nous nous demanderons ensuite si cette morale provisoire ne doit pas avoir son achèvement dans une morale définitive, et nous verrons enfin comment Descartes l'a entendue et pratiquée.

La seconde partie sera purement historique : elle montrera les liens qui rattachent la Morale cartésienne au mouvement général des idées, au XVIIᵉ siècle. De Balzac à

(1) *Les libertins en France au XVIIᵉ siècle*, par F.-T. PERRENS, 1896, Chaillet, p. 142.

Saint-Evremond, de Pascal à Gassendi, de Malebranche au P. Ameline, nous en rencontrerons des traces.

Ainsi notre démonstration sera complète.

Nous aurons envisagé la Morale cartésienne en elle-même et marqué la place qu'elle occupe dans l'histoire des Idées.

PREMIÈRE PARTIE

CHAPITRE PREMIER

La Morale provisoire de Descartes. — Les Maximes du *Discours de la Méthode*

Le premier soin de Descartes, avant de « rebâtir son logis », est de se pourvoir d'un asile commode et sûr, « pendant le temps qu'on y travaillera. » Il se forme dans ce but « une morale provisoire », qu'il expose dans la troisième partie du *Discours de la Méthode*. Ce n'est point une doctrine définitive qu'il formule : il n'en a ni le temps, ni le moyen. Son ambition est plus modeste : il nous livre sa méthode de vie. Il la résume en quatre règles, dont il convient de déterminer d'abord le sens et la portée (1).

I. — La première maxime est toute de prudence et de sagesse : elle consiste « à obéir aux lois et aux coutumes de son pays » et à retenir « constamment la religion dans laquelle Dieu lui a fait la grâce d'être instruit dès son enfance. »

(1) *Le Discours de la Méthode pour bien conduire sa raison et chercher la vérité dans les sciences*, parut écrit en français par Descartes, pour la première fois, à Leyde, en 1637, en un volume in-4°.

On a voulu mettre en doute la sincérité de cette réserve. Le caractère et la vie de Descartes protestent contre un semblable soupçon (1), et il répète du reste un peu plus loin, avec ce soin que Bossuet trouvait même excessif (2), que « les vérités de la foi ont toujours été les premières en sa créance ».

Momentanément obligé de se fier aux autres, il dédaigne l'avis du plus grand nombre ; des considérations moins vulgaires le déterminent. Il suit les opinions les plus modérées « des mieux sensés, tant à cause que ce sont toujours les plus commodes pour la pratique et vraisemblablement les meilleures...., comme aussi afin de se détourner moins du vrai chemin, en cas qu'il faillît. »

Ce qu'il veut, avant tout, c'est conserver sa liberté et ne pas être dupe. Frappé de la constante mobilité des choses (3) et décidé « à perfectionner de plus en plus mes jugements », j'eusse cru « commettre une grande faute contre le bon sens, si, pour ce que j'approuvois alors quelque chose, je me fusse obligé de la prendre pour bonne encore après lorsqu'elle auroit peut-être cessé de l'être ou que j'aurois cessé de l'estimer. »

II. — La seconde règle est « d'être le plus résolu en mes actions que je pourrois et de ne suivre pas moins constamment les opinions les plus douteuses, lorsque je m'y serois une fois déterminé, que si elles eussent été très assurées. »

(1) Cf. Baillet, Vie de M. Descartes, t. II, p. 422.

(2) « M. Descartes, dit Bossuet, a toujours craint d'être noté par l'église et on lui voit prendre sur cela des précautions qui allaient jusqu'à l'excès. » Bossuet, Lettre CX, t. X. « La foi et la bonne foi de Descartes ne sont pas douteuses, » écrit M. Liard, Descartes, p. 185. V. à ce sujet l'intéressant article de M. Blondel sur le Christianisme de Descartes : Revue de Métaphysique et de Morale, juillet 1896, p. 551 sqq.

(3) « Je ne voyois au monde aucune chose qui demeurast toujours en même état. » Discours de la Méthode, 3e partie ; éd. Cousin, t. I, p. 148.

Il estime, en d'autres termes (1), qu'il vaut mieux marcher en ligne droite et poursuivre dans la direction choisie, le choix fût-il risqué et la direction téméraire, que d'errer en tous sens, avec la bonne intention de trouver le vrai chemin. Etre identique à soi-même et éviter l'indécision et la contradiction : telle est en un mot la deuxième loi qu'il s'impose.

III. — La troisième maxime est la plus connue, la plus difficile à suivre peut-être, en tous cas la plus caractéristique. Les termes en sont présents à toutes les mémoires : « tâcher toujours plutôt à me vaincre que la fortune, et à changer mes désirs que l'ordre du monde, et généralement m'accoutumer à croire qu'il n'y a rien qui soit entièrement en notre pouvoir que nos pensées, en sorte qu'après que nous avons fait notre mieux touchant les choses qui nous sont extérieures, tout ce qui manque de nous réussir est au regard de nous absolument impossible. »

L'intelligence et la volonté sont intimement unies, et comme notre volonté ne se porte « naturellement à désirer que les choses que notre entendement lui représente en quelque façon comme possibles », si nous nous appliquons à considérer tous les biens qui sont hors de nous, comme étant hors de notre pouvoir, ils nous deviendront étrangers.

Habituons-nous donc « à regarder de ce biais » toutes les choses, faisons « de nécessité vertu », et nous serons vraiment heureux. C'était le secret des philosophes de l'antiquité.

Mais est-il vrai que rien ne soit entièrement en notre pouvoir que nos pensées ? N'est-ce pas plutôt, lui demande un de ses correspondants, « une fiction pour se flatter et se tromper qu'une résolution de philosophe, qui doit mépriser les choses possibles, s'il lui est expédient, sans

(1) Il revient encore sur cette idée dans une de ses lettres, t. VIII, p. 390.

les feindre impossibles, et un homme d'un sens commun ne se persuadera jamais que rien ne soit en son pouvoir que ses pensées (1) ».

C'est, répond Descartes, une élémentaire vérité. « Je n'ai point voulu dire pour cela que les choses extérieures ne fussent point du tout en notre pouvoir, mais seulement qu'elles n'y sont qu'en tant qu'elles peuvent suivre de nos pensées et non pas *absolument* et *entièrement* à cause qu'il y a d'autres puissances hors de nous qui peuvent empêcher les effets de nos desseins. (2) »

IV. — Enfin, Descartes nous apprend qu'il a fait choix de la meilleure occupation et qu'il est résolu à cultiver sa raison et à avancer toujours autant que possible en la connaissance de la vérité. C'est dans cette pensée qu'il a adopté provisoirement ces trois maximes, espérant « de ne perdre pour cela aucune occasion d'en trouver de meilleures en cas qu'il y en eût », et bien convaincu qu'on acquérant ainsi toutes les connaissances dont il était capable, il acquerrait par le même moyen tous les biens, car « il suffit de bien juger pour bien faire, et de juger le mieux qu'on puisse pour faire aussi tout son mieux, c'est-à-dire, pour acquérir toutes les vertus, et ensemble tous les autres biens qu'on puisse acquérir... »

On a justement observé (3) que ces maximes ne procèdent pas du développement logique de la Philosophie cartésienne. La première est pyrrhonienne, les deux suivantes au contraire sont empreintes de stoïcisme. Cette restauration d'antiques systèmes n'en présente pas moins déjà une marque profondément originale.

(1) T. VII, p. 385. *Lettre d'un ami de M. Descartes pour lui faire tenir.*
(2) T. VII, p. 392. *Réponse de Descartes.*
(3) Em. Boutroux. *Rev. de Métaphysique et de Morale*, juillet, 1890, p. 503.

Conséquent avec lui-même, le philosophe donne à nos jugements et à nos actions la même règle, l'évidence, il identifie le bien et le vrai, et il conclut qu'il suffit de bien juger pour bien faire. C'est là, en définitive, sa grande idée.

Qu'en faut-il penser ? Est-il exact, pour reprendre des expressions qui lui sont familières, que la volonté suit ce que l'entendement lui représente comme meilleur ? Si l'on répond négativement, il deviendra inutile, pour travailler à notre perfectionnement, de cultiver notre raison : en acquérant plus de connaissances, nous n'acquerrons pas pour cela plus de biens.

Remarquons d'abord que Descartes ne dit pas que la volonté suit *nécessairement*, mais *naturellement* ce que l'entendement lui représente comme meilleur. La volonté reste donc toujours libre (1) et le bien et le vrai n'ont sur elle qu'un attrait naturel. Cela revient à dire que nous ne sommes point entraînés en aveugles vers notre bien et que nous possédons ce privilège de déterminer nous-mêmes la perfection relative des fins que nous nous proposons. C'est cette idée même qu'exposait naguère M. Liard (2), quand il écrivait : « Nous nous conférons à nous-mêmes la loi de notre développement, et nous le faisons déterminés par la vue du meilleur. Nous pourrions être les dupes de la nature, si, parmi les biens qui nous sollicitent, il n'en était pas qui tirent d'eux-mêmes toute bonté et nous sont ainsi la mesure infaillible des autres. Nous les reconnaissons à l'autorité avec laquelle ils s'imposent. Tous les hommes n'en ont pas eu et n'en ont pas encore la même conception nette et distincte; il y a un progrès en Morale comme en Mathématique. Mais si la

---

(1) T. IV, p. 34, au P. Mersenne. « Il nous est toujours libre de poursuivre un bien clairement connu ou d'admettre une vérité évidente. »

(2) *La Science positive et la Métaphysique*, Paris 1879, p. 418.

conscience se révèle progressivement à elle-même dans l'espèce et dans l'individu, le sentiment d'obligation, qui en est le fond, ne varie pas, et il est en chacun de nous le témoin permanent d'une perfection entrevue avec plus ou moins de netteté, qui tient d'elle-même sa raison d'être et qui nous soumet par là à l'empire de la nature. »

Ainsi entendue, la théorie peut être acceptée : nous comprenons pourquoi la Morale cartésienne est provisoire et comment elle est perfectible. En attendant, elle demeure très pratique, dans son objet comme dans ses moyens. Si le bonheur qu'elle a en vue n'est pas l'idéal le plus élevé, il est cependant déjà suffisant par lui-même. Vivre heureux en bien vivant est, après tout, une ambition légitime, commune à tous, et que peu savent satisfaire. Les moyens pour y parvenir ne sont sans doute pas également faciles à suivre. Il est plus aisé de se conformer à l'usage que de soumettre sa raison à l'ordre du monde. La modération, la constance, la résignation n'en constituent pas moins des vertus à la portée de chacun, et, en les pratiquant, on ne risque guère de s'égarer et de faire fausse route.

C'est la grande préoccupation du Philosophe ; ce n'est pas celle d'un sceptique. Il ne s'écrie pas : vivons comme nous voyons qu'on vit autour de nous et ne tâchons pas de réformer le monde ! Il envisage la vie comme un problème de mathématiques, et, s'il s'éloigne des excès et réserve l'avenir, c'est dans la crainte de se tromper ; mais il comprend l'impossibilité de demeurer « irrésolu », et au doute méthodique il oppose l'action rationnelle.

Ce caractère à la fois pratique et positif des maximes ne doit pas surprendre. Descartes a au plus haut point le sens du réel ; il estime que la loi suprême est de procurer, autant qu'il est en nous, le bien général de tous les hommes, et à la philosophie purement spéculative et stérile des écoles, il rêve d'en substituer une autre, plus utile à l'homme, et qui le rende « comme maître et possesseur de la nature (1) ». A la fin du *Discours de la Méthode* il annonce l'intention de n'employer le temps qu'il lui reste à vivre à autre chose, sinon à tirer de la physique les règles d'une médecine plus assurée que celle que l'on a eue jusqu'alors.

Il veut préserver l'homme des maladies, et ses idées étaient si connues que la *Gazette d'Anvers* annonçait sa mort en ces termes : « En Suède, un sot vient de mourir, qui disait qu'il pouvait vivre aussi longtemps qu'il voulait (2). » C'est dans ce but sans doute qu'il passe constamment d'une science à une autre.

En 1629 il s'adonne à la métaphysique (3), et en 1630 il écrit au P. Mersenne qu'il a renoncé à l'étude des mathématiques depuis plusieurs années, pour ne plus perdre son temps à un travail stérile.

Il ne faut donc pas s'étonner de retrouver les mêmes tendances dans la troisième partie du *Discours*. Mais en même temps apparaît une autre préoccupation, toujours présente à l'esprit de Descartes. La pratique chez lui suppose la théorie, c'est-à-dire la connaissance même des choses, et, derrière les maximes, il est aisé d'apercevoir un idéal plus élevé qui les explique : M. Boutroux (4) a montré comment « cette morale des moyens » présupposait une morale plus haute, « une morale des fins ». Nous y reviendrons plus tard : qu'il suffise maintenant de consta-

---

(1) *Discours de la Méthode.*
(2) V. manuscrit de Göttingen. Ch. ADAM, *Revue bourguignonne de l'Enseignement supérieur*, janvier 1896.
(3) BAILLET, *Vie de M. Descartes*, t. I, p. 111.
(4) *Revue de Métaphysique*, juillet 1896.

ter la tendance intellectualiste qu'accusent déjà les deux dernières règles et qui se dessinera mieux encore dans la correspondance du Philosophe.

Pour l'instant, faire de son mieux lui paraît la condition nécessaire et suffisante de la vie morale. Nous allons voir s'il a toujours été de cet avis et s'il s'en est toujours tenu à cette formule. Ses lettres sur le souverain Bien nous feront pénétrer plus intimement dans sa pensée.

CHAPITRE II

Nous ne connaissons pas encore complètement la Morale cartésienne ; Descartes a développé ses maximes dans une série de lettres adressées à la princesse Elisabeth et à la reine de Suède qui contiennent une véritable théorie du souverain Bien. Ad. Garnier (1), a voulu y voir la Morale définitive. Les lettres de 1645 (2) procèdent, suivant nous, des idées émises en 1637 et, si, le Philosophe fait un pas en avant, rien n'autorise à croire qu'il ait renoncé à sa première méthode de vie et qu'il ait entièrement atteint le but qu'il se proposait.

Les documents que nous allons analyser, en les isolant pour l'instant du milieu même où ils ont vu le jour, auront au moins le mérite d'éclairer la pensée cartésienne et d'expliquer sa marche progressive. Nous y retrouve-

---

(1) V. édit. Garnier, t. III, p. 179.

(2) Presque toutes les lettres sur le Bonheur sont de cette époque. Elles sont adressées à la Haye, où se trouvait alors la princesse Elisabeth. Les lettres d'Elisabeth à Descartes ont été découvertes par M. Foucher de Careil, au château de Rosendaal, près d'Arnheim (Hollande), dans les collections de M. le baron Van Pallandt. Elles ont été publiées par M. Foucher de Careil, avec quelques lettres de la reine Christine à Descartes, découvertes au même lieu : *Descartes, la Princesse Elisabeth et la Reine Christine d'après des lettres inédites*, Paris, Germer-Baillière, in-8°, 1870. Elles sont datées pour la plus part, et permettent de rectifier les dates données par Cousin aux lettres de Descartes.

rons le dualisme du *Discours*, avec une tendance toutefois
très accusée vers l'intellectualisme. Est-ce à dire que la
volonté sera définitivement écartée ? Nullement. *Le Traité
des Passions* et les lettres à la reine de Suède contiennent au contraire, sinon un retour momentané vers cette
idée, tout au moins une tentative de conciliation entre
ces deux grands courants, qui traversent la philosophie
morale de Descartes, semblables aux deux bras d'un même
fleuve qui, un instant séparés, finissent par se rejoindre et
confondent leurs eaux.

Ces lettres se classent naturellement en quatre groupes,
qui marquent autant d'étapes dans le développement ra-
tionnel de la théorie et qui jalonnent notre route.

Descartes commente d'abord à Elisabeth le stoïcisme
de Sénèque, qu'il concilie avec l'épicurisme ; puis sa
propre doctrine, qu'il rattache à la Métaphysique ; un
rapide examen du *Traité des Passions* trouvera dans cette
étude sa place naturelle, et la correspondance avec la
reine Christine offrira enfin un résumé assez complet
de la pensée du Philosophe.

I

Les lettres sur le *De Vita Beata* sont les premières en
date. Elles peuvent servir d'introduction. Descartes ex-
celle dans ce que Quintilien appelait l'art des prépara-
tions. Il commence par expliquer Sénèque à sa correspondante et lui montre la différence qui existe, selon ce
philosophe, entre le bonheur et la béatitude (1).

« L'heur ne dépend que des choses qui sont hors de
nous ». Au contraire « la béatitude consiste ce me semble
en un parfait contentement d'esprit, et une satisfaction

(1) T. IX, p. 210, 21 juillet 1645.

intérieure que n'ont pas d'ordinaire ceux qui sont les
plus favorisés de la fortune, et que les sages acquièrent
sans elle. Ainsi *Vivere beate*, vivre en béatitude, ce n'est
autre chose qu'avoir l'esprit parfaitement content et satisfait. »

Il observe, après Épictète, qu'il y a des choses qui dépendent de nous, comme la vertu et la sagesse, et des
choses qui n'en dépendent pas, comme les honneurs, les
richesses et la santé ; et, laissant déjà apercevoir son opinion, il conclut que « chacun se peut rendre content de
soi-même et sans rien attendre d'ailleurs, pourvu seulement qu'il observe trois choses, auxquelles se rapportent
les trois règles de morale que j'ai mises dans le *Discours
de la Méthode* (1) » : qu'il fasse d'abord tous ses efforts pour
connaître ses devoirs ; qu'il ait, en second lieu, « une
ferme et constante résolution d'exécuter tout ce que sa
raison lui conseillera, sans que ses passions ou ses appé-
tits l'en détournent » ; enfin, « qu'il considère que pendant
qu'il se conduit ainsi autant qu'il peut selon la raison, tous
les biens qu'il ne possède point sont aussi entièrement
hors de son pouvoir les uns que les autres, et que par ce
moyen il s'accoutume à ne les point désirer. » De la
sorte, nous éviterons le regret et le repentir, qui troublent l'âme, et, en exécutant toujours résolument « toutes
les choses que nous aurons jugées être les meilleures »,
nous trouverons le vrai bonheur. La vertu seule est suffisante « pour nous rendre contents en cette vie ». Elle
porte en elle-même sa récompense, et c'est, en résumé,
dans la volonté jointe « au droit usage de la raison » que
consiste la sagesse.

Il termine en reprochant à Sénèque de ne pas enseigner « toutes les principales vérités dont la connoissance

(1) P. 212. —

est requise pour faciliter l'usage de la vertu et régler nos désirs et nos passions, et ainsi jouir de la béatitude naturelle. » C'est une grave lacune qu'il aura l'ambition de combler.

Auparavant, il croit devoir revenir au philosophe latin pour éclaircir une de ses définitions (1).

Le stoïcien déclare que le sage doit se conformer à la nature : « *rerum naturæ assentitur, ad illius legem exemplumque formari sapientia est.* »

Il importe de bien comprendre ces expressions. Cela ne veut pas dire qu'il faut obéir « à nos inclinations naturelles », mais uniquement qu'il convient « d'acquiescer à l'ordre des choses et de faire ce pourquoi nous croyons être nés ». C'est au fond le précepte chrétien de la soumission à la volonté de Dieu.

Cette explication fournit à Descartes l'occasion de rappeler « les trois principales opinions des philosophes païens touchant le souverain Bien et la fin de nos actions : à savoir celle d'Epicure, qui a dit que c'étoit la volupté, celle de Zénon, qui a voulu que ce fût la vertu ; et celle d'Aristote, qui l'a composé de toutes les perfections tant du corps que de l'esprit ; mais cela ne sert point à notre usage. »

Aucun d'eux n'a tort. Aristote se place à un point de vue purement idéal : il considère le souverain Bien « de toute la nature humaine en général. » Il a raison « de le composer de toutes les perfections dont la nature humaine est capable. »

Zénon cherche le souverain Bien « en celui que chacun en son particulier peut posséder », et il déclare justement qu'il ne consiste qu'en la vertu : c'est le seul bien qui dépende entièrement de notre libre arbitre et qui soit abso-

---

(1) T. IX, p. 215, 4 août 1645.

lument en notre pouvoir. Son seul tort est de s'être montré trop austère et trop ennemi de la volupté.

Épicure enfin, qui n'est pas, comme on a coutume de le croire, le partisan des plaisirs les plus vulgaires, ne se trompe pas quand il affirme « que la volupté en général, c'est-à-dire le contentement de l'esprit, » est la fin des actions de l'homme. Descartes n'adoptera donc le stoïcisme qu'après lui avoir enlevé ses épines, et cette page d'histoire avec ses fines critiques prépare merveilleusement à la doctrine cartésienne, que le philosophe se résout à faire connaître et qu'il résume d'avance en une formule : « Pour avoir un contentement qui soit solide, il est besoin de suivre la vertu, c'est-à-dire d'avoir une volonté ferme et constante d'exécuter tout ce que nous jugerons être le meilleur, et d'employer toute la force de notre entendement à en bien juger. »

II

Il résulte de cette proposition que deux conditions sont nécessaires pour parvenir au souverain Bien. L'examen de ces deux moyens fait l'objet d'une nouvelle lettre (1), dans laquelle le philosophe, pour la première fois, abandonne Sénèque et développe sa pensée, jugeant sans doute que l'esprit d'Élisabeth est désormais suffisamment préparé.

Nous devons avoir d'abord une volonté ferme et constante d'exécuter tout ce que nous jugerons être le meilleur : « il faut que notre volonté soit libre. » Or cette liberté est souvent incompatible « avec l'indisposition qui est dans le corps »; elle ne peut non plus exister pen-

(1) T. IX, p. 222, août 1645.

dant le sommeil : « le plus philosophe du monde ne sauroit s'empêcher d'avoir de mauvais songes », bien qu'il
soit cependant possible de les éviter dans une certaine
mesure, en prenant l'habitude de diriger sa pensée
« quand l'esprit est en liberté ».

Il en est ainsi encore quand nous sommes « extraordi-
nairement enclins à la tristesse, à la colère ou à quelques
passions ». Mais ces obstacles sont loin d'être insurmon-
tables : il est possible de les vaincre, et l'on éprouve même
alors le plaisir de la difficulté vaincue.

Nous devons, en second lieu, éclairer notre esprit, c'est-
à-dire « examiner la juste valeur de tous les biens dont
l'acquisition semble en quelque façon dépendre de notre
conduite, afin que nous ne manquions jamais d'employer
tous nos soins à tâcher de nous procurer ceux qui sont les
plus désirables » : c'est le vrai office de la raison. De la
sorte, « si la fortune s'oppose à nos desseins, nous aurons
au moins la satisfaction de n'avoir rien perdu par notre
faute. »

Il faut donc prendre garde de se laisser leurrer par
l'imagination et les passions, qui souvent exagèrent ou
faussent la valeur véritable des biens ; et, sans insister sur
la classique division des plaisirs (plaisirs de l'esprit et
plaisirs du corps), Descartes indique le vrai criterium :
« selon la règle de la raison, chaque plaisir se devroit
mesurer par la grandeur de la perfection qui le produit. »

Aussi, même parmi les plaisirs de l'esprit, certains,
comme la médisance, ne sont pas « louables ». On peut
néanmoins affirmer, d'une façon générale, qu'ils sont supé-
rieurs à ceux du corps, ce qui ne veut pas dire qu'il faille
entièrement mépriser ces derniers, ni que l'on doive
s'exempter d'avoir des passions ; les stoïciens avaient tort
de les supprimer : il suffit seulement de les soumettre à la
raison, « et lorsqu'on les a ainsi apprivoisées, elles sont

quelquefois d'autant plus utiles qu'elles penchent plus vers l'excès. »

Le Philosophe donne ici expressément la priorité à la volonté. Mais ce n'est que momentanément ; et sur une question d'Elisabeth, il intervertit les rôles et met l'intelligence au premier rang, en lui ouvrant de magnifiques perspectives.

La Princesse lui ayant demandé (1) s'il existait des moyens « de fortifier l'entendement pour juger du meilleur en toutes les actions de la vie », il lui répond (2), le 15 septembre 1645, par une lettre qui marque chez lui une phase décisive.

Il reconnaît que l'homme ne peut avoir une science infinie, mais il est des vérités générales qui peuvent au moins diriger sa vie : la bonté de Dieu, l'immortalité de l'âme et la grandeur de l'Univers.

Il faut savoir, avant tout, qu'il y a un Dieu « de qui toutes choses dépendent, dont les perfections sont infinies, dont le pouvoir est immense, dont les décrets sont infaillibles. » Nous recevrons alors en bonne part tout ce qui nous arrive, et, si nous sommes habitués à l'aimer comme la souveraine perfection, « nous tirons même de la joie de nos afflictions, en pensant que sa volonté s'exécute en ce que nous les recevons. »

Nous devons connaître, en second lieu, la nature de l'âme, pour ne pas craindre la mort, nous détacher du monde et mépriser tout ce qui dépend de la fortune.

Il importe aussi de comprendre la grandeur de l'Univers, de ne pas regarder cette terre « comme notre principale demeure et cette vie notre meilleure ». Au delà des cieux, il y a autre chose que des espaces imaginaires.

---

(1) FOUCHER DE CAREIL, loc. cit., *Lettre X*, p. 71.
(2) T. IX, p. 230, 15 septembre 1645.

Apprenons aussi à nous connaître nous-mêmes. « On doit toutefois penser qu'on ne sauroit subsister seul et qu'on est en effet l'une des parties de l'univers. » Nous sommes rattachés par mille liens à la famille, à la société : nous devons donc faire passer l'intérêt général avant notre intérêt particulier, « toutefois avec mesure et discrétion ; car on auroit tort de s'exposer à un grand mal pour procurer seulement un petit bien à ses parents ou son pays ! »

Puis, à côté de ces vérités générales, qui regardent toutes nos actions et constituent les vrais fondements de la Morale, il en est d'autres qui se rapportent « particulièrement à chacune »; Descartes ne les dédaigne pas, et, quittant ces sommets, il revient à ses maximes provisoires.

Nos passions nous trompent souvent sur la valeur des biens que nous recherchons, elles exagèrent les plaisirs du corps, qui ne sont jamais si durables que ceux de l'âme, ni si grands quand on les possède, qu'ils paraissent quand on les espère ; aussi quand « nous sommes émus de quelque passion », la sagesse commande de suspendre notre jugement, en sorte que « nous ne nous laissions pas aisément tromper par la fausse apparence des biens de ce monde ». Elle impose de même de bien examiner « les mœurs des lieux où nous vivons pour savoir jusqu'où elles doivent être suivies », de ne nous décider que pour les opinions les plus vraisemblables, de ne rester jamais irrésolus.

Enfin il faut nous entraîner à l'exercice de la vertu. « On ne manque guère faute d'avoir en théorie la connoissance de ce qu'on doit faire, mais seulement faute de l'avoir en pratique », et rien ne donne de la force à la volonté et ne facilite cette ferme intention de bien faire comme l'habitude. C'est dans ce sens qu'on a raison de dire dans l'École que nos vertus sont des « habitudes ».

Cette lettre complète et transforme la théorie du souverain Bien. Cette fois, Descartes ne s'en tient plus à ces règles de prudence, basées sur le sens commun, qui inspirent la troisième partie du *Discours*. Il ne se borne plus à répéter : fais pour le mieux. Sa pensée s'élève plus haut et va plus loin. Ce n'est pas tout de vivre le plus heureusement possible, il faut savoir pourquoi nous vivons, d'où nous venons et où nous allons. « Le moyen le plus assuré, écrit-il également à Chanut (1), pour savoir comment nous devons vivre, est de connoître auparavant quels nous sommes, quel est le monde dans lequel nous vivons, et qui est le créateur de ce monde. »

Ce problème de nos origines n'est pas purement spéculatif : il intéresse notre conduite, il donne à la vie son sens et son but, et, au delà de ce bonheur un peu terre à terre auquel il avait seulement songé tout d'abord, il entrevoit désormais de nouveaux horizons. Il est remonté, suivant sa méthode, jusqu'au premier anneau de la chaîne : il a rattaché les vérités morales à l'existence de Dieu ; il introduit l'idée d'infini dans la notion du Devoir, et en même temps il préconise un principe éminemment stoïcien : l'univers est un tout, dont nous ne sommes qu'une partie, la raison veut que la partie se sacrifie au tout, et la sagesse consiste dans une intelligente adhésion à l'ordre de l'univers ! La science conduit ainsi, de déduction en déduction, à la résignation, au sacrifice, à l'altruisme. La doctrine cartésienne dès lors s'élargit et s'élève, ayant à la base l'idée de l'Univers et au sommet l'idée même de Dieu !

Cette lettre du 15 septembre 1645 marque un point culminant dans la pensée du Philosophe. Il dira l'année suivante à son ami Chanut (2) qu'il est parvenu « à se satisfaire en morale », et, le 1er février 1647, il lui écrira

sa lettre sur l'amour (1), qui en est le complément nécessaire. Les résultats pratiques de ces connaissances sur
Dieu, l'âme et le monde, ce sont les divers degrés correspondants de l'amour, puisque l'amour est la volonté s'unis-
sant aux divers biens que conçoit l'intelligence. On voit
à quel point Descartes est à ce moment intellectualiste.

III

C'est à la sollicitation d'Elisabeth que Descartes écrit le
Traité des Passions, et, comme cet ouvrage date de cette
époque et qu'on y rencontre quelques-unes des idées qui
faisaient alors le fond des préoccupations du Philosophe et
de la Princesse, il convient de nous y arrêter un instant.

Dans une lettre de la fin d'août 1645 (2), Descartes avait
parlé des passions. Aussitôt Elisabeth le presse d'examiner le problème (3) : « Je vous voudrois encore voir définir les passions pour les bien connoître.... », et le Philosophe, comme toujours, défère avec empressement à son
désir (4), mais il s'aperçoit bien vite que le sujet est trop
vaste et qu'il lui faudra « employer plus de temps que
le messager ne lui en donne (5) ».

L'idée d'une étude détaillée et systématique germe dès
lors dans son esprit, et, en novembre, il annonce à sa
correspondante, qui l'a de nouveau sollicité (6), qu'il s'est
mis à l'œuvre : « J'ai pensé ces jours derniers, lui écrit-il (7),
au nombre et à l'ordre de ces passions, afin de pouvoir
plus particulièrement examiner leur nature; mais je n'ai

(1) T. X, p. 3 sqq.
(2) T. IX, p. 222.
(3) Loc. cit., *Lettre XI*, p. 75.
(4) T. IX, p. 236, commencement d'octobre 1645.
(5) P. 245.
(6) Loc. cit., *Lettre XIII*, 28 octobre 1645, p. 81.
(7) T. IX, p. 368.

pas encore assez digéré mes opinions touchant ce sujet,
pour les oser écrire à Votre Altesse, et je ne manquerai
pas de m'en acquitter le plus tôt qu'il me sera possible ».
Descartes y travailla pendant l'hiver, et au commencement
du printemps de 1646, il put envoyer le manuscrit, qui
enchanta la Princesse (1). A ses félicitations, il répondit (2) qu'il n'avait fait que « tirer le premier crayon sans y
ajouter les couleurs et ornemens qui seroient requis pour
le faire paroître à des yeux moins clairvoyants que ceux
de Votre Altesse ». Il ajoutait qu'il n'avait pas non plus
mis tous les principes de physique dont il s'était servi.

Quoi qu'il en soit, ce brouillon tel qu'il était resta aux
mains d'Elisabeth (3), et ce fut une autre copie qu'il envoya (4), le 20 novembre 1647, à la reine Christine, faite,
comme il le dit, « sur un brouillon fort confus que j'en
avois gardé (5) ».

Ce traité ne fut publié à Amsterdam (6) qu'en novembre
1649 : Descartes l'avait refondu, en tenant compte des
observations d'Elisabeth et de Clerselier, qui le trouvait
trop au-dessus de la portée du vulgaire (7). Il appartient
donc bien, par ses origines, à l'histoire des relations
d'Elisabeth et de Descartes, et nous ne serons pas surpris
s'il reflète avec une fidélité parfaite les doctrines morales
exposées dans la correspondance.

La double préoccupation du Philosophe s'y accuse avec
une constance d'autant plus significative que, dans cet
ouvrage, sa pensée évolue librement et n'est plus contrariée par les objections mêmes qui lui étaient faites et

(1) Loc. cit., *Lettre XVI*, du 15/25 avril 1646, p. 90.
(2) T. IX, p. 378 et 379.
(3) Loc. cit., *Lettre XVII*, p. 108.
(4) T. X, p. 59.
(5) T. X, p. 69.
(6) Par Elzévier, in-4°.
(7) BAILLET, t. II, p. 393, 394.

auxquelles il lui fallait répondre. Mais, s'il continue à incliner tour à tour dans un sens ou dans l'autre, la marche de ces deux tendances ne nous paraît cependant plus aussi divergente. La contradiction s'atténue visiblement et les extrêmes tendent à se rapprocher.

Le point de départ est purement scientifique : c'est parce que l'influence du physique sur le moral (1) est indéniable, qu'il étudie longuement les fonctions du corps avant d'arriver à celles de l'âme, et qu'il montre leurs relations. Il est ainsi amené à définir les passions (2) « des perceptions, ou des sentimens, ou des émotions de l'âme, qu'on rapporte particulièrement à elle, et qui sont causées, et entretenues, et fortifiées par quelque mouvement des esprits ». Et comme les passions troublent l'âme (3) et que l'homme doit toujours en rester le maître pour les dominer et les vaincre, il lui faut lutter (4) par tous les moyens en son pouvoir, directement et indirectement. « C'est par le succès de ces combats que chacun peut connoître la force ou la foiblesse de son âme (5) »; et ceux-là sont les plus forts et les seuls assurés du triomphe qui « font combattre leur volonté avec ses propres armes (6) », c'est-à-dire avec « des jugements fermes et déterminés, touchant la connoissance du bien et du mal ». Vouloir, en d'autres termes, ne suffit pas, il faut avant tout savoir.

Mais après avoir indiqué le fond de sa pensée, par un de ces retours qui lui sont familiers, brusquement il se ravise, comme s'il avait compris les difficultés qui

---

(1) *Le Traité des Passions*, 1re partie.
(2) 1re partie, art. 27.
(3) Art. 40.
(4) Art. 41-45.
(5) Art. 48.
(6) *Ibidem*.

peuvent empêcher le plus grand nombre d'atteindre
ces sommets. Il ne veut décourager personne, il écrit
« que ceux mêmes qui ont les plus foibles âmes pour-
roient acquérir un empire très absolu sur toutes leurs
passions, si on employoit assez d'industrie à les dresser
et à les conduire (1) ». C'est le problème envisagé sous un
autre aspect : nous savons que Descartes ne néglige jamais
le côté pratique des questions, nous en retrouvons ici une
preuve nouvelle. Le *Traité* enseigne l'art de composer
avec les passions : il montre l'usage que l'on en peut
faire (2), ce qui n'empêche pas Descartes de continuer
toujours à penser que le souverain remède consiste « à
suivre exactement la vertu (3) », c'est-à-dire à faire ce que
nous aurons jugé être le meilleur. Tel est, en définitive,
son idéal, et si un instant il s'en éloigne, c'est pour s'en
rapprocher bientôt, en offrant à notre faiblesse une voie
plus aisée et plus commode.

Aussi, malgré la nuance que nous avons signalée, la
doctrine morale du *Traité des Passions* cadre-t-elle parfaitement avec celle qui est contenue dans la correspondance avec Elisabeth.

IV

Pour que cet exposé soit complet, il reste à examiner
la célèbre lettre sur le souverain Bien que le Philosophe
adressa, le 2 décembre 1648, à la reine Christine. On
sait (4) dans quelles circonstances il fut amené à reprendre
avec une seconde correspondante le même sujet.

La reine de Suède avait depuis longtemps entendu par-

---

(1) Art. 50.
(2) 2ᵉ partie, art. 52 ; 3ᵉ partie, art. 175, 176, 180, 181.
(3) 2ᵉ partie, art. 148. V. encore dans ce sens sa définition de la générosité :
3ᵉ partie, art. 153.
(4) FOUCHER DE CAREIL, loc. cit., p. 12.

ler de Descartes. Par Chanut, elle avait connu ses ouvrages, et la lettre sur la nature de l'amour l'avait ravie. Le 20 novembre 1647, Descartes lui faisait remettre sa correspondance avec Elisabeth et, à la fin de l'année suivante, il lui expliqua directement son opinion sur le bonheur (1).

Descartes commence par poser la question. On peut considérer la bonté d'une chose en soi ou par rapport à nous.

Dans le premier cas, il est évident que c'est Dieu qui est le souverain Bien, « pour ce qu'il est incomparablement plus parfait que les créatures. »

Par rapport à nous, « nous ne devons estimer biens à notre égard que ceux que nous possédons, ou bien que nous avons pouvoir d'acquérir; et cela posé, il me semble que le souverain bien de tous les hommes ensemble est un amas ou un assemblage de tous les biens, tant de l'âme que du corps et de la fortune, qui peuvent être en quelques hommes, mais que celui d'un chacun en particulier est tout autre chose, et qu'il ne consiste qu'en une ferme volonté de bien faire, et au contentement qu'elle produit. »

Il n'y a pas au monde un bien comparable à celui-là. Il n'y en a pas un qui soit plus complètement en notre pouvoir. Les biens du corps et de la fortune ne dépendent pas de nous : nous ne pouvons en faire état. Quant à ceux de l'âme, « ils se rapportent tous à deux chefs, qui sont, l'un de connoître, et l'autre de vouloir ce qui est bon ».

Mais « la connoissance est souvent au delà de nos forces ». Une seule chose demeure, dont nous puissions absolument disposer, c'est la volonté.

Et comment en disposer mieux qu'en ayant « une ferme et constante résolution de faire exactement toutes les choses que l'on jugera les meilleures »?

(1) T. X, p. 59 : *Lettre à la reine de Suède*, du 2 décembre 1648.

C'est du bon usage du libre arbitre que vient le plus grand et le plus solide contentement de la vie, et c'est en cela que consiste le souverain Bien. Les autres plaisirs ne valent pas la peine d'être recherchés; ils ne dépendent pas entièrement de nous.

D'autre part, l'expérience démontre « qu'il n'y a rien qui puisse donner du contentement à l'âme, sinon l'opinion qu'elle a de posséder quelque bien ».

Or le libre arbitre est de soi la chose la plus noble qui puisse être en nous, « il nous rend en quelque façon pareils à Dieu »; son bon usage n'est pas seulement « le plus grand de tous les biens », il est « aussi celui qui est le plus proprement nôtre, et qui nous importe le plus : d'où il suit que ce n'est que de lui que nos plus grands contentemens peuvent procéder. »

C'est toujours, presque dans les mêmes termes, l'affirmation de la même pensée. La volonté peut tout, elle nous permet de dominer nos passions : c'est d'elle seule que dépend notre bonheur; quand elle est bonne, c'est-à-dire quand nous en faisons « le meilleur usage et que nous la soumettons à la raison », nous goûtons un contentement parfait. Peu importe après cela notre erreur : quand notre conscience nous dit que nous avons fait pour le mieux, nous n'avons pas à nous repentir. « La béatitude » est à la portée de chacun : elle ne dépend pas seulement de la connaissance du bien, mais encore et surtout de la bonne volonté, et la vertu consiste, à proprement parler, dans la résolution de bien faire.

Nous avons déjà entendu ce langage. C'est celui que Descartes tenait quand il écrivait ses maximes, et, s'il continue à proclamer la nécessité d'éclairer notre raison, d'apprendre nos devoirs, voici que de nouveau il paraît accorder la priorité à la liberté.

Sans renier l'intellectualisme, il l'atténue, en quelque

sorte, et, pour louer la volonté, il retrouve les accents élo-
quents qu'il employait naguère, quand il élevait, comme
dans un vol rapide, l'intelligence jusqu'aux idées les plus
sublimes, et introduisait scientifiquement la notion d'infini
dans le Devoir. Cette fois, il ne plane plus si haut : jetant
un regard sur la faiblesse humaine, il la console et la relève
encore, mais d'une autre manière.

Si tous ne peuvent pas s'élever jusqu'à la perfection,
il reste au moins à chacun la volonté, et il en fait alors la
faculté royale et divine : elle est une émanation de Dieu
lui-même et nous rend semblables à lui, puisqu'elle
nous permet de commander à nos passions, à nos désirs,
et en nous donnant l'empire sur nous-mêmes, nous assure
le vrai bonheur !

On dirait que Descartes a peur d'effrayer la reine, dont
il n'a pu préparer l'esprit, et qu'il veut donner à sa doctrine une forme plus humaine.

Nous avons cependant noté que vis-à-vis d'Elisabeth
elle-même, il n'observe pas toujours non plus la même
attitude, et que, s'il reste surtout intellectualiste, il incline
pourtant parfois dans la direction opposée.

Ce dualisme n'échappe pas à l'esprit subtil et délié
de la Princesse Palatine, qui tient pour l'intelligence,
et qui ne ménage pas ses critiques à la théorie contraire.

Elle ne pense pas que le bonheur soit en notre main (1).
Elle ne croit pas davantage à l'empire de la volonté sur
nos désirs : nous ne pouvons nous empêcher de désirer
la santé (2). Aussi ne peut-elle comprendre comment les
passions peuvent être « excessives et soumises (3) » !

---

(1) *Lettre IX*, La Haye, août 1645. p. 68.
(2) *Lettre XVI*, avril 1646, p. 92.
(3) *Lettre XIII*, La Haye, 28 octobre 1645, p. 81.

Elle n'admet pas non plus qu'on se console de n'avoir pas fait le bien, parce qu'on l'ignorait (1) : on n'est jamais sûr que cette ignorance n'est pas elle-même volontaire et coupable, et cette simple remarque de bon sens ruine la fameuse maxime : « *omnis peccans est ignorans.* »

« Vous direz, écrit-elle encore (2), qu'on ne laisse pas d'estre satisfait quand la conscience témoigne qu'on s'est servi de toutes les précautions possibles. Mais cela n'arrive jamais, lorsqu'on ne trouve point son conte. Car on se ravise toujours de choses qui restoient à considérer. »

Elisabeth n'accepte donc pas sans réserve la maxime « provisoire » : « *fais pour le mieux.* » Mais si, théoriquement, elle incline vers la doctrine scientifique, elle en voit les difficultés, et ses objections résument les principales critiques que l'on peut adresser au rationalisme en morale.

La science du bien est-elle vraiment possible ? Pour estimer les biens, il faudrait une science infinie (3).

Puis comment déterminer la valeur des choses? Et jusqu'où suivre le sentiment tacite, qui fait approuver à la raison telle ou telle perfection du corps ou de l'esprit ?

Par ces questions, elle provoque la célèbre réponse sur Dieu, l'âme et l'Univers, qui ne la satisfait pas entièrement.

Sans contester le rapport qui existe entre les vérités morales et les théories métaphysiques, certains points restent obscurs pour elle. La croyance à la vie future pourrait tout aussi bien nous donner hâte d'en finir avec la vie (4).

(1) *Lettre IX*, La Haye, août 1645, p. 68.
(2) *Lettre XI*, La Haye, septembre 1645, p. 74.
(3) *Ibidem.*
(4) *Lettre XII*, 30 septembre 1645, p. 77.

Descartes, qui s'était d'abord montré si affirmatif (1), paraît ébranlé : il répond (2) que nous avons seulement de belles espérances, mais non une assurance, et que la vraie philosophie enseigne que le meilleur moyen d'être content de la vie, c'est de savoir user de sa raison.

Il n'accepte pas davantage le reproche qui lui était fait de ne pas dire « exactement jusques où la raison ordonne que nous nous intéressions pour le public ».

Il suffit ici de satisfaire sa conscience et de ne point oublier la grande loi de solidarité qui unit les hommes entre eux. « Et outre cela, comme c'est une chose plus haute et plus glorieuse de faire du bien aux autres hommes que de s'en procurer à soi-même, aussi sont-ce les plus grandes âmes, qui y ont le plus d'inclination.... Il n'y a que les foibles et les basses qui s'estiment plus qu'elles ne doivent, et sont comme les petits vaisseaux, que trois gouttes d'eau peuvent remplir ! (3) »

Cette correspondance montre clairement la tendance d'Elisabeth ; pour elle, la Morale est avant tout une science rigoureuse. Elle ne veut rien laisser dans l'ombre. Loin de la rebuter, les plus difficiles problèmes aiguisent sa curiosité : c'est une croyante qui n'est pas superstitieuse (4) et qui demande à la philosophie les raisons de sa foi (5).

Elle veut être renseignée sur Dieu, sur le libre arbitre,

---

(1) T. IX, p. 230, 15 septembre 1645.

(2) T. IX, p. 236, octobre 1645. F. Bouillier a très bien montré avec quelle réserve Descartes a toujours traité cette question de l'immortalité, qui relevait, suivant lui, surtout du domaine de la foi. V. *Hist. de la Philos. cartésienne*, t. I, p. 133.

(3) Cf. la *Lettre XIII* d'Elisabeth, La Haye, 28 octobre 1645, p. 81, qui contient l'objection d'Elisabeth. Dans sa réponse, Descartes débute par expliquer comment il concilie le libre arbitre et la prescience divine.

(4) *Lettre XVIII*, septembre 1646.

(5) *Lettre XIV* et *Post-Scriptum*, La Haye, 27 septembre 1645, p. 84.

sur tout, et, préoccupée de bien penser, elle pousse Descartes dans ses derniers retranchements.

Quant au Philosophe, il paraît se contenter toujours de ses règles provisoires.

Peut-on dire pourtant qu'il en soit au point où il se trouvait en 1637, et n'y a-t-il pas, dans tous ces textes, quelque chose de plus que dans la troisième partie du *Discours* ?

Il nous semble que, sans renier ses maximes, il a cependant changé de point de vue. Sa Morale ne consiste plus, en tous cas, en une simple méthode de vie, destinée à procurer un bonheur immédiat, sorte de thérapeutique guérissant à la fois l'âme et le corps et utilisant dans ce but nos passions avec une savante industrie : elle tend désormais à envisager l'âme seule et à devenir la science de la béatitude; en même temps, elle rentre dans le système général et y prend sa place, en se rattachant à l'idée même de Dieu. La dédicace des *Principes* éclairera encore la pensée cartésienne.

Est-ce à dire que nous soyons en présence d'une Morale définitive ? Descartes l'entrevoyait certainement : c'est ce qui explique, suivant nous, en partie, ses retours momentanés vers la bonne volonté; mais, malgré l'intellectualisme qui domine dans la correspondance avec la Princesse Palatine, et qui imprime à la doctrine un caractère nouveau et essentiel, nous croyons qu'il ne fait que reprendre et élargir les principes *du Discours* : il est, certes, de plus en plus persuadé qu'il faut connaître exactement la science du bien, mais, en attendant, il s'en remet à la conscience, à la liberté et à son bon usage.

Il faut donc rechercher ailleurs sa Morale définitive.

Quoi qu'il en soit, cette théorie du souverain Bien complète la troisième partie du *Discours de la Méthode* : elle n'est pas l'œuvre d'un sceptique, ni même d'un indifférent.

Elle constitue un véritable corps de doctrine, ayant son objet et sa méthode : ce ne sont pas seulement des souvenirs épars d'Epictète ou de Sénèque.

Ces pensées, profondes comme celles de Pascal, se relient et s'enchaînent dans une harmonieuse et féconde unité. En recherchant maintenant la trame qui les unit, nous découvrirons le véritable but que Descartes poursuivait.

CHAPITRE III

DES FONDEMENTS DE LA MORALE CARTÉSIENNE. — LA PRÉFACE DES *Principes*. — LA MORALE DÉFINITIVE

La Morale provisoire nous est maintenant connue. En étudiant ses vrais fondements, nous verrons les liens qui la rattachent au système général, l'unité qui se cache sous son dualisme, et, en même temps, il sera possible de déterminer ce qu'eût été la Morale définitive.

Descartes n'est pas ce voyageur égaré dans la forêt dont il parle (1), il semble plutôt gravissant une montagne, en marche vers un but clairement entrevu et se servant déjà dans cette ascension de principes qu'il n'aura plus qu'à développer.

Pour bien saisir le sens et l'objet de la Morale cartésienne, il importe de ne pas oublier les premiers résultats de la Méthode. Elle aboutit en définitive à poser le moi et Dieu, et l'on sait comment le Philosophe établit la dépendance de l'âme humaine à l'égard de Dieu, en faisant procéder le libre arbitre de la toute-puissance et de la perfection infinie, et en proclamant que les idées qui le déterminent par le moyen de l'intelligence sont l'œuvre de l'entendement divin (2).

---

(1) *Discours de la Méthode*, 3ᵉ partie, 2ᵉ règle.
(2) « Cette dépendance où nous sommes à l'égard de Dieu, nous, notre con-

3

Considérant l'âme seule, suivant un procédé qui lui est familier, il déduit logiquement de sa définition les principes d'une Morale abstraite et tout idéale, qu'il résume dans cette formule de la troisième partie du *Discours* : « Il suffit de bien juger pour bien faire », et qui aboutit tout d'abord à la théorie de la bonne volonté.

En effet, si bien juger c'est bien faire, bien faire est aussi bien juger. C'est par conséquent affirmer que l'acte moral réside dans le jugement.

Or le jugement moral implique à la fois la volonté et l'intelligence, il exige la connaissance du Bien et la volonté d'y adhérer, c'est-à-dire la bonne volonté.

De ces deux éléments qui constituent la moralité, connaissance et volonté, comme l'intelligence est finie et que la volonté au contraire est infinie, il semble naturel de faire à la bonne volonté une part prépondérante. Mais, si nous poussons plus loin notre analyse, les choses aussitôt vont changer de face, et nous allons voir apparaître l'intellectualisme pur.

Qu'est-ce qui rend la volonté morale ? Qu'est-ce qui la rend bonne ?

La perfection morale ne peut pas consister dans la possession des biens extérieurs, tels que la richesse ou la santé, qui ne dépendent point exclusivement de la volonté.

Elle est, d'autre part, incompatible avec la volonté pure, qui est en soi absolument libre et indéterminée, tandis que le Bien a quelque chose de prédéterminé.

Nous ne la trouverons que dans l'intelligence elle-même. La bonne volonté (1) est celle qui possède un bien diffé-

science et nos idées, est si grande que nous ne savons rien sans Dieu, que nous sommes obligés de le regarder comme l'auteur de ces axiomes ou principes qui nous subjuguent et que nous appelons des vérités éternelles. » RE-NOUVIER, *Manuel de Philosophie moderne*, 1842, page 39. Cf. surtout BOU-TROUX, *De veritatibus æternis apud Cartesium*, p. 38 à 62.

(1) BOUTROUX, *ibidem*.

rent d'elle-même et obtenu pour elle-même, par elle seule.

Or nos jugements, c'est-à-dire les décisions que prend la volonté sur les idées que lui présente l'intelligence, satisfont seuls à ces conditions : seuls ils dépendent entièrement de nous et sont exclusivement en notre pouvoir, tout en étant différents de nous. C'est dans le jugement qu'il faut chercher ce bien déterminé que la volonté peut et doit réaliser. L'intelligence devient ainsi, suivant la profonde remarque de M. Boutroux, la *matière* de la volonté, c'est elle qui lui communique sa valeur morale ; il n'y a de Bien en soi que dans les idées claires et distinctes, qui seules déterminent la volonté. Les idées claires et distinctes émanant de la perfection divine ont pour l'esprit humain tant d'attrait que la volonté s'y porte d'elle-même naturellement. Descartes le dit en toutes lettres dans la troisième partie de son *Discours* (1), et il répète à Elisabeth que l'on ne peut pas ne pas faire le bien une fois clairement connu (2).

Ces principes posés, on voit quelle conception abstraite de la Morale en découle. Le bien se confond avec le vrai. De l'acte moral, on ne peut faire sortir aucun principe bon par lui-même, sinon l'idée, et ainsi la volonté qui, au premier regard, semblait avoir la priorité, cède le pas à l'intelligence : la vertu n'est que la science qui détermine absolument la volonté ; la bonne volonté n'est pas posée avant le bien, mais le bien avant elle, et ce bien n'est que le vrai, l'idée claire. La forme de la moralité disparaît devant la matière et se confond avec elle.

C'est le pur intellectualisme. Ce qui n'empêche pas Descartes de ramener souvent la vertu à l'intention.

(1) V. troisième maxime.
(2) T. IX. p. 214.

Comment justifier cette attitude et n'y a-t-il pas entre ces deux tendances une contradiction manifeste (1)?

Cette opposition n'est qu'apparente, elle se justifie par les différents points de vue auxquels se place le Philosophe. Quand il envisage l'âme seule, il est franchement intellectualiste ; quand, quittant le domaine de l'abstrait, il la considère unie au corps et qu'il la voit aux prises avec les passions, détournée des idées claires et distinctes par les impulsions de la sensibilité, alors, tout en continuant de placer l'acte moral dans le jugement et tout en reconnaissant que la volonté demeure impuissante à fournir d'elle-même un principe absolument bon, il lui fait cependant une part prépondérante : mais il n'oublie pas pour cela le pur intelligible, en sorte que la Morale réelle ne contredit pas la Morale idéale ; elle en est la transformation nécessaire et le substitut pratique.

Ainsi s'explique le dualisme cartésien, qui cache au fond une unité parfaite. La tendance vers la volonté n'est que provisoire, la tendance vers l'intelligence est, au contraire, constante et définitive.

Descartes n'abandonne jamais la matière de la moralité·

---

(1) « Il n'est pas impossible, écrit M. DELBOS (*Le Problème moral dans la Philosophie de Spinoza*, p. 5), de démêler chez Descartes trois conceptions morales, qui semblent en parfait accord avec trois moments distincts de son système. A l'idée de mécanisme correspond l'idée d'une morale physiologique, dont l'objet propre est l'hygiène du corps et le gouvernement des passions (Voy. *Discours de la Méthode*, 3e partie, ce qu'il dit de la Médecine) ; à l'idée de l'entendement clair et distinct correspond une morale intellectualiste, dont l'objet propre est la sagesse par la science, la subordination des idées à l'ordre du monde, le contentement de l'âme par la raison ; enfin à l'idée de la liberté infinie correspond une morale de la volonté, dont l'objet propre est la fermeté dans la résolution intérieure, la foi dans la vertu interne du libre arbitre. » Cette division tripartite nous paraît surtout ingénieuse : elle est plus artificielle que réelle et nous ne trouvons au fond de la pensée cartésienne que le dualisme que nous avons signalé.

c'est, on peut le dire, le lien qui réunit sa Morale provisoire (1) à sa Morale définitive.

Ce point est hors de conteste ; nous l'avons établi à
maintes reprises. Descartes estimait que « la connoissance de la vérité est comme la santé de l'âme (2) », et
il félicitait la Princesse Palatine (3) « d'avoir étudié avec
beaucoup de soin ce qu'il y avoit de meilleur dans les
sciences ».

Quant à la forme scientifique de sa Morale définitive, elle ne résulte pas seulement des principes que
nous venons d'examiner et qui lui servent de base, elle
est exposée par Descartes lui-même dans la préface d'un
de ses principaux ouvrages (4). Lui qui critiquait les
anciens d'élever fort haut les vertus, sans nous enseigner à les connaître (5), et qui comparait « leurs écrits
qui traitent des mœurs, à des palais fort superbes et magnifiques, qui n'étoient bâtis que sur du sable et sur de
la boue », donne de la sagesse une définition remarquable.

« Par la sagesse, dit-il (6), on n'entend pas seulement
la prudence dans les affaires, mais une parfaite connoissance de toutes choses que l'homme peut savoir.... »
« Le souverain Bien (7), considéré par la raison naturelle
sans la lumière de la foi, n'est autre chose que la connois-

(1) F. MARTIN (*De illa quam Cartesius sibi ad tempus effinxit ethica*. Thèse
latine, Douai, 1895, in-8°) voit surtout dans la morale provisoire une morale
de la volonté et essaie même par avance d'y découvrir des éléments Kantiens.
Nous croyons cette thèse fort contestable.

(2) T. X, p. 324, *Lettre à Chanut*.

(3) T. III, p. 4, *Epître à la Sérénissime Princesse Elisabeth*, Dédicace *des Principes de la Philosophie*.

(4) V. *Lettre-Préface des Principes*, adressée à l'abbé Picot, son traducteur
t. III, p. 10 sqq.

(5) *Discours de la Méthode*, 3ᵉ partie.

(6) *Lettre-Préface*, § 1.

(7) *Ibid.*, § 2.

sance de la vérité par ses premières causes. » Il ajoute
que « la révélation divine nous élève tout d'un coup à une
croyance infaillible (1) », tandis que la science ne nous
conduit à la sagesse que par degrés. Puis il trace un
tableau des diverses branches du savoir humain, qui lui
apparaissent réunies dans une merveilleuse et féconde
unité ; et, après avoir fait leur place à la Métaphysique et à
la Physique, il ajoute (2) : « Ensuite de quoi il est besoin
aussi d'examiner en particulier la nature des plantes, celle
des animaux et surtout celle de l'homme ; afin qu'on soit
capable par après de trouver les autres sciences qui lui
sont utiles. Ainsi, toute la Philosophie est comme un
arbre dont les racines sont la Métaphysique, le tronc est
la Physique, et les branches qui sortent de ce tronc sont
toutes les autres sciences qui se réduisent à trois principales, à savoir la Médecine, la Mécanique et la Morale,
qui, présupposant une entière connoissance des autres
sciences, est le dernier degré de la Sagesse... » ; et il termine, en émettant l'espérance que les hommes finiront
par comprendre « combien il est important de continuer en la recherche de ces vérités, et jusqu'à quel degré
de sagesse, à quelle perfection de vie et à quelle félicité
elles peuvent conduire ! (3) »

Il est impossible d'être plus clair et plus affirmatif. Nous
ne sommes pas réduits à des inductions ou à des hypo-
thèses, et ce document capital nous fixe sur les idées
définitives de Descartes.

Au terme de la Morale humaine, le sage, appuyé sur
la science, maître de ses passions, connaissant les vrais
biens et les vrais maux, soumis aux lois mécaniques du

(1) *Ibid.*, § 4.
(2) *Ibid.*, § 12.
(3) *Ibid.*, § 18.

monde, les aimant à cause de la simplicité et de la perfection qu'il y découvre, ne place plus le Bien que dans sa
pensée et dans son libre arbitre, qui doit se décider pour
la vérité.

La morale chrétienne n'est qu'une morale d'attente, et,
au-dessus du mérite fondé sur l'intention, il y a la sagesse
fondée sur la science.

Telle est « la plus parfaite Morale » de Descartes : elle
est nettement intellectualiste. Cependant, même quand il
accorde la première place à l'intelligence, Descartes ne
sacrifie pas la volonté; il concilie, en quelque sorte, la
matière et la forme de la moralité. Aussi la Morale définitive reste-t-elle, malgré tout, une Morale de la liberté;
elle se distingue donc et de l'intellectualisme de Socrate,
qui déclare qu'il suffit de connaître le bien pour le
pratiquer, et de celui de Spinoza, qui ne voit dans le mal
qu'une idée inadéquate.

L'intellectualisme cartésien, considéré sous d'autres
rapports, ne se confond d'ailleurs avec aucun autre. Il n'est
pas platonicien, puisque, pour Platon, la science du bien
est nécessaire à l'acte moral, et que, pour Descartes, la
science du vrai tend à remplacer la science du bien ou
tout au moins à se confondre avec elle. Il n'est pas non
plus socratique (1). Ce n'est pas en effet la science de
l'homme, c'est la science universelle qu'il veut donner
comme fondement à la Morale. Mais ici, il importe de pré-
ciser la pensée cartésienne, en montrant où elle tend et
où elle aboutit.

Descartes demande incontestablement à la science de
mettre l'homme en mesure de disposer de la nature humaine de la même façon qu'elle lui permet de disposer de

_____

(1) V. à ce sujet *Socrate fondateur de la science morale*, par Em. Boutroux,
Orléans, 1883.

la nature matérielle : le *Traité des Passions* enseigne l'art de les conduire, de les utiliser, en tenant compte de l'influence qu'exercent sur l'esprit le tempérament et la disposition des organes, et le Philosophe est si pénétré de cette union de l'âme et du corps, qu'il estime que, s'il est possible de découvrir quelque moyen de rendre les hommes plus sages et plus habiles, c'est à la médecine qu'on le doit demander.

Il écrivait à Chanut le 15 juin 1646 (1) que, s'il n'avait pas trouvé « les moyens de conserver la vie (2) », il avait du moins « trouvé un autre bien plus aisé et plus sûr, qui est de ne pas craindre la mort, sans toutefois pour cela être chagrin, comme sont ordinairement ceux dont la sagesse est toute tirée des enseignemens d'autrui, et appuyée sur des fondemens qui ne dépendent que de la prudence et de l'autorité des hommes ». Et il ajoutait : « Pendant que je laisse croître les plantes de mon jardin, dont j'attends quelques expériences pour tâcher de continuer ma Physique, je m'arrête aussi quelquefois à penser aux questions de la Morale. » Il semble même souvent l'avoir regardée, nous l'avons vu, comme une médecine de l'âme.

Il ne faudrait cependant pas conclure que sa Morale découle de la science des choses naturelles. Le centre de la philosophie cartésienne, on l'a dit excellemment (3), ce n'est pas la science, c'est l'homme et dans l'homme la raison : lorsque Descartes cultive les sciences de la nature, c'est à proprement parler pour reconnaître le vrai d'avec le faux, pour former son jugement, pour éclairer sa raison.

(1) T. IX, p. 413.

(2) Cette question de la prolongation de la vie humaine était alors tout à fait à l'ordre du jour. V. à ce propos une curieuse note de M. Ch. Adam, *Revue Bourguignonne de l'enseignement supérieur*, Janvier 1896, p. 51.

(3) BOUTROUX, *Revue de Métaphysique et de Morale*, Juillet 1896, art. cité, p. 508.

Voilà son ambition ! Aussi, à côté, ou plutôt au-dessus de « cette morale des moyens », qui n'est guère que la physique appliquée, conçoit-il « une morale des fins », reposant directement sur les parties les plus élevées de la Métaphysique, et qui ne s'appuie en aucune façon sur la science de la nature.

La Morale cartésienne est donc scientifique, en ce sens seulement qu'elle est intellectualiste et qu'elle tend à la détermination parfaite de la volonté par la raison.

Descartes veut voir « clair en ses actions » : ici, comme toujours, il recherche avant tout l'évidence, la certitude dont son esprit est avide ; s'il s'adresse à la science, c'est pour la ramener à sa cause unique et intime, l'intelligence humaine, qui, comme le soleil, répand sur tous les objets une seule et même lumière (1).

Cette conception est donc uniquement cartésienne. On ne peut la rattacher au passé, et elle reste, comme la doctrine dont elle sort, profondément originale. Mais, si l'idée n'a pas été reprise, elle a pourtant indirectement porté ses fruits. Malgré les expresses réserves que le Philosophe fait en faveur de la religion, l'ensemble de cette doctrine définitive, telle que nous venons de l'indiquer, atteste en effet que c'est dans les découvertes scientifiques qu'il met toute sa foi et toute son espérance. Il a posé en principe l'unité de la science, il a déjà pour elle le respect et l'enthousiasme qu'on éprouve pour une chose sacrée : il la voit prête à s'élancer à la conquête de l'univers, et, quand il parle du savoir humain, il le fait avec tant de conviction qu'on est tenté de croire qu'il le considère comme ce qu'il y a de plus grand dans le monde

---

(1) *Regulæ ad directionem ingenii*, I, § 1. « Quum scientiæ omnes nihil aliud sint quam humana sapientia, quæ semper una et eadem manet, quantumvis differentibus subjectis applicata, nec majorem ab illis distinctionem mutuatur, quam solis lumen a rerum, quas illustrat, varietate... »

et de meilleur; dans son épanouissement, il semble en-
trevoir une réforme qui atteindrait alors le fond même
de l'âme.

Qu'il l'ait ou non voulu, Descartes peut être regardé
comme un précurseur de ceux qui devaient voir plus
tard dans la science une religion nouvelle. Ses contemporains ne s'en aperçurent pas : l'idée ne germa qu'au
siècle suivant. Il n'en a pas moins posé le problème qui
depuis bientôt trois siècles agite la conscience moderne :
elle se demande avec angoisse qui fera désormais le bonheur des individus et celui des sociétés, la science ou la
religion. « Laquelle des deux pourra dire à l'homme :
J'apporte seule une réponse à toutes les questions et
un remède à tous les maux ? Longtemps la religion a
tenu ce langage, elle le tient même encore et se fait écou-
ter de plus d'un aujourd'hui : la science osera-t-elle le
tenir à son tour ? Prétendra-t-elle révéler aussi, non seulement les lois du monde physique, mais les règles que
doivent suivre et les particuliers pour se conduire et les
peuples mêmes pour se gouverner ? A la place d'un idéal
vainement cherché ailleurs et plus haut, la science four-
nira-t-elle quelques formules précises qui résoudront
tout ? (1) » Condorcet n'hésite pas à le proclamer (2) ; c'est,
suivant lui, le point où doivent « infailliblement » conduire les travaux du génie et « le progrès des lumières ».
« Organiser scientifiquement l'humanité, déclare Renan (3), tel est le dernier mot de la science moderne, telle
est son audacieuse, mais légitime prétention » ; et plus
récemment, M. Berthelot (4) affirmait à son tour, à l'en-

(1) Ch. Adam, *Philosophie de François Bacon*, Alcan, 1890, p. 453.

(2) *Esquisse d'un tableau du progrès de l'esprit humain*, Édit. Didot, t. IV
des *Œuvres*, p. 395.

(3) *L'Avenir de la Science*, p. 37.

(4) *La Science et la Morale*, n° du 1er fév. 1895 de la *Revue de Paris*, p. 449.

contre de M. Brunetière (1), avec une éloquente conviction, la même espérance, déclarant que le savant doit, en attendant, se contenter de règles « seulement provisoires, modifiables de jour en jour », et que « la sagesse consiste dans notre soumission aux lois nécessaires du monde ».

Malgré ces autorités, oserons-nous dire que nous ne partageons pas cet avis, et que, tout en reconnaissant hautement la place que la science a si justement conquise à notre admiration et à notre reconnaissance, il nous semble à nous aussi que « revenue de ses premières illusions elle doive se contenter de dire à l'homme ceci : Je puis bien, par mes découvertes, soulager quelque peu les maux de ton corps; je puis même, par l'étude, adoucir quelque peu les amertumes de ton âme ; mais je suis impuissante à te guérir de tout. Je puis bien aussi répondre à quelques-unes de tes questions sur le monde des phénomènes qui t'environnent, mais non pas sur la première origine et la fin dernière de ce monde et non pas sur ta destinée à toi. Cherche donc ailleurs, dans la morale ou dans la religion, un idéal pour toi et pour l'humanité! (2) »

(1) *Après une visite au Vatican*, Revue des Deux-Mondes, Janvier 1895.
(2) ADAM, *Philosophie de François Bacon*, p. 433.

CHAPITRE IV

LA MORALE PRATIQUE DE DESCARTES. — APPLICATION DES MAXIMES CARTÉSIENNES

Au point où nous en sommes, il paraît difficile de contester l'importance de la Morale cartésienne. M. Ch. Adam vient cependant de découvrir un manuscrit qui pourrait encore laisser dans l'esprit quelque inquiétude (1). Selon ce texte, Descartes n'aurait ajouté ses maximes que « malgré lui, à cause des pédagogues et autres gens de même espèce, qui, sans cela, l'auraient accusé d'être sans religion et sans foi, et de vouloir renverser l'une et l'autre par sa méthode ».

Nous savions déjà qu'il n'aimait pas à traiter les questions de Morale (2).

Tantôt il allègue sa vie retirée et son éloignement des affaires ; tantôt l'animosité des régents et des théologiens (3).

A Chanut, il confesse qu'il craint la méchante interpré-

---

(1) V. *Revue Bourguignonne de l'enseignement supérieur*, janvier 1896, le texte d'un entretien de Descartes et de Burman, à la date du 14 avril 1648, conservé dans les manuscrits de la bibliothèque de l'Université de Göttingen : « Auctor non libenter scribit ethica, sed propter pædagogos et similes coactus est has regulas adscribere, quia alias dicerent illum esse sine religione, fide et per suam methodum hæc evertere velle. » P. 50.

(2) BAILLET, t. II, p. 282.

(3) T. VIII, p. 415.

tation des malins (1), et qu'il laisse ce sujet aux souverains et à leurs représentants autorisés. Mais la conversation avec Burman est plus précise, et l'on peut se demander s'il convient de s'arrêter à des règles que lui-même n'aurait pas prises au sérieux.

Que faut-il donc penser de ce document nouveau, et notre bonne foi a-t-elle été surprise ?

L'authenticité de l'entretien ne peut être contestée. C'est sur la portée du langage tenu par Descartes qu'on doit seulement discuter.

Remarquons tout d'abord que de nombreux passages du Philosophe le contredisent de la façon la plus formelle.

Quelle est, d'après les *Regulæ* (2), la manière sérieuse de chercher la vérité? C'est de songer uniquement à accroître la lumière naturelle de la raison, non pour résoudre telle ou telle difficulté d'école, mais pour rendre l'entendement capable, en chacune des rencontres de la vie, de prescrire à la volonté ce qu'elle doit choisir. Dans le *Discours de la Méthode* (3), Descartes assure que, s'il veut apprendre à distinguer le vrai d'avec le faux, c'est pour voir clair en ses actions et marcher avec assurance en cette vie.

La même affirmation se trouve dans la Préface des *Principes*, et Clerselier, « l'homme du monde qui semble l'avoir connu le plus intimement (4) », atteste que la Morale faisait l'objet de ses méditations les plus ordinaires. Comment concilier tous ces textes et auxquels faut-il prêter créance ?

Que Descartes ait été sur ce chapitre très réservé,

(1) T. X, p. 65.
(2) *Regula I.*
(3) *Discours de la Méthode*, 2ᵉ partie; t. I, p. 136.
(4) BOUTROUX, *Revue de Métaphysique et de Morale*, juillet 1896, p. 503, et BAILLET, t. I, p. 115.

Baillet le dit (1), et nous le croyons sans peine. Mais
nous ne saurions admettre qu'il soit allé pour cela jusqu'au
mensonge. Il était avant tout sincère : c'était la qualité
maitresse de ce libre esprit. « J'avoue, écrivait-il à son ami
Leroy (2), qu'il y a de la prudence de se taire dans certaines occasions, et de ne point donner au public tout ce
que l'on pense ; mais d'écrire sans nécessité quelque chose
qui soit contraire à ses propres sentimens et sans nécessité et vouloir le persuader à ses lecteurs, je regarde cela
comme une bassesse et comme une pure méchanceté ! »

Cette véritable déclaration de principes nous émeut
autant que les propos rapportés par Burman. Mais il y a,
à notre avis, un moyen plus décisif d'apprécier la sincérité
de Descartes moraliste, c'est de rapprocher ses actes de
ses écrits (3). En confrontant la doctrine avec la pratique
nous pénétrerons plus profondément dans son âme. De
ce point de vue interne nous le jugerons mieux. La psychologie n'est-elle pas le véritable complément de l'histoire ?

La vie de Descartes a été celle d'un sage. Il l'a employée
à cultiver sa raison, à fortifier sa volonté, à modérer ses
désirs. Goûtant dans l'étude et dans la retraite les joies
les plus pures, il a trouvé le vrai bonheur, celui qui vient
du repos de la conscience et de la tranquillité de l'esprit,
en même temps qu'il a su, par la pratique constante de
ces vertus moyennes et de juste milieu qui sont en partie
le fond de ses maximes, se plier aux circonstances et composer avec elles. Son existence s'est ainsi écoulée unie et

---

(1) BAILLET, t. II, p. 282. V. aussi ce que F. BOUILLIER dit de la prudence de
Descartes, *Histoire de la Philosophie cartésienne*, t. I, p. 46.

(2) T. IX, p. 328, *Lettre à Regius*, du 1er août 1645.

(3) Descartes, d'ailleurs, recommande lui-même ce moyen. « Je devois plutôt prendre garde à ce qu'ils pratiquoient, qu'à ce qu'ils disoient. » *Discours de
la Méthode*, 3e partie.

droite, sans actes d'héroïsme qui s'imposent à l'admiration, mais pleine de ces bonnes actions qui marquent un niveau moral assez rare et suffisamment élevé pour qu'on les puisse donner en exemple à ceux qui apprécient comme il convient la sincérité, la modération, la bienveillance et le devoir (1).

Sa mort fut le digne couronnement de sa vie (2) : il la vit venir avec la foi du chrétien et la résignation du philosophe qui a pris l'habitude de la regarder souvent en face.

Chanut, qui avait assisté à ses derniers moments, annonça en ces termes le malheur qui le frappait à M. Périer, le beau-frère de Pascal : « Je soupire en vous l'écrivant, car sa doctrine et son esprit étoient encore audessous de sa bonté et de l'innocence de sa vie. » Voilà certes un témoignage qui a son prix.

Mais, négligeant à dessein les souvenirs des contemporains et les anecdotes des biographes, nous interrogerons seulement Descartes : nous nous formerons nous-mêmes notre opinion avec plus de chances de ne pas être trompé.

Dans maintes circonstances, il a eu l'occasion, non plus d'enseigner ses maximes, mais de les appliquer ; en voyant sa Morale en action, nous jugerons mieux sa Morale théorique.

Il ne vécut pas dans la retraite indifférent et sceptique, et, s'il assista avec une douce ironie aux vains tumultes du monde, il ne se désintéressa pas de ses semblables.

En apprenant à connaître l'homme, il apprit à l'aimer, il voulut le soulager. Comme Sénèque, plus d'une fois il aspira au rôle de consolateur : sa philosophie fut secourable et bonne.

(1) Cf. Baillet, t. II, pp. 455, 463, 476.
(2) Baillet, t. II, p. 422 sqq.

N'est-ce pas dans les grandes traverses de la vie qu'elle peut le plus efficacement exercer son influence salutaire ?

Elle procure au sage une admirable sérénité. Il n'est pas pour l'âme désemparée par la douleur d'asile plus sûr. C'est là que Descartes se réfugiait volontiers ; il est intéressant de voir comment il essayait d'y conduire ses amis.

Sa lettre à Huygens le père (1) pour le consoler de la mort de sa femme est sous ce rapport un modèle : il y approprie, avec une habileté consommée, sa doctrine à l'homme et aux circonstances, sans rien lui enlever de sa grandeur. Il est comme ces guides, qui, tout en montrant dans le lointain aux voyageurs le sommet de la montagne, s'empressent de les rassurer et de leur indiquer un sentier facile et sûr, qui n'apparaissait pas au premier regard.

Il reconnaît cependant tout le premier que sa philosophie n'est pas à la portée de tous, et c'est parce qu'il ne mesure pas son ami « au pied des âmes vulgaires », qu'il lui tiendra dans cette douloureuse épreuve un langage digne de lui.

Il sait qu'il se gouverne entièrement selon la raison, aussi demeure-t-il persuadé qu'il reprendra plus aisément sa « tranquillité d'esprit accoutumée, maintenant qu'il n'y a plus du tout de remède », que lorsqu'il avait « encore occasion de craindre et d'espérer ».

A cette première réflexion purement pratique, il en ajoute une autre d'un ordre plus élevé, tirée de la soumission à la volonté de Dieu et de l'ordre du monde. La mort est une nécessité, lui dit-il, et « une âme forte et généreuse comme la vôtre, sachant la condition de notre nature, se soumet toujours à la nécessité de sa loi, et bien que ce ne soit pas sans quelque peine ». Il rejoint donc Epictète et Sénèque ; mais il ne reste pas pour cela insensible à un

(1) T. VI, p. 302, mai 1637.

malheur qui l'émeut profondément, et, jusque dans l'expression de sa sympathie, il apporte des nuances d'une exquise délicatesse.

L'amitié a, à ses yeux, un tel prix, qu'il croit « que tout ce que l'on souffre à son occasion est agréable » : il n'aurait pas un instant songé à plaindre Huygens des fatigues qu'il s'imposait pour servir sa malade ; il eût pensé « commettre un sacrilège », s'il eût essayé « de le divertir d'un office si pieux et si doux » ; alors au moins il éprouvait « cette joie et satisfaction intérieure, qui suit les actions vertueuses et fait que les sages se trouvent heureux en toutes les rencontres de la fortune. » Aujourd'hui ce contrepoids fait défaut ; la situation n'est plus la même : il comprend combien il est difficile de la surmonter. « Si je pensois que votre raison ne le pût vaincre (votre deuil), j'irois importunément vous trouver et tâcherois par tous moyens à vous divertir. »

C'était à son sens le plus sûr remède. Il recommandera souvent cette lutte indirecte contre les passions, qu'il jugeait imprudent d'attaquer de front. Il estime qu'il ne faut pas se complaire dans la douleur, ce qui ne l'empêche pas d'ajouter avec une rare délicatesse : « Les maux qui nous touchent nous-mêmes ne sont point comparables à ceux qui touchent nos amis, et au lieu que c'est une vertu d'avoir pitié des moindres afflictions qu'ont les autres, c'est une espèce de lâcheté de s'affliger pour aucune des disgrâces que la fortune nous peut envoyer. »

Ce ne sont pas là de banales condoléances. Atteignaient-elles leur but ? Pascal trouvait qu'en pareille occurrence les paroles de Socrate et de Sénèque n'avaient « rien de persuasif », et il leur préférait Jésus-Christ (1). Telle est du moins la pensée qu'il exprimait à ses sœurs,

(1) *Opuscules Philosophiques de Pascal*, édit. Ch. Adam, p. 30.

en 1650, quelques jours après la mort de leur père. Recherchant à son tour s'il est possible de changer en bien un si grand mal et de trouver une consolation dans un tel deuil, il n'hésite pas à écarter les doctrines imparfaites des païens, dont Descartes se contentait en 1637, pour se réfugier dans la religion, qui seule permet d'envisager la mort comme un bien et qui éloigne l'horreur instinctive que nous en avons par ses sublimes et réconfortantes espérances! Sa lettre hautement chrétienne offre, dans une vivante antithèse, l'opposition des deux morales aux prises avec l'un des plus graves problèmes, et cependant, quand on y regarde de près, il semble qu'un lien caché les unit. Même chez Pascal, à côté du sentiment religieux, apparaît très distinctement le sentiment humain. La théologie y est, dans une certaine mesure, rapportée à l'homme, elle gravite autour de lui comme un simple moyen de satisfaire son cœur.

L'étude conduit Descartes à l'altruisme le plus élevé. Il ne limite pas sa sympathie à ses amis, il l'étend à tous ; mais il ne la donne qu'à bon escient, ne cédant jamais à cette fausse sensibilité qui obscurcit le jugement.

La raison seule le guide, et, quand elle lui montre les misères de l'âme humaine, c'est un cri de justice plutôt qu'un cri de pitié qu'elle lui arrache. Prenons par exemple sa supplique en faveur d'un pauvre paysan de Frise convaincu d'assassinat (1). Il déclare qu'il ne se décide à intervenir qu'après avoir examiné la culpabilité « en philosophe », et il se livre effectivement à une analyse psychologique qui fait déjà pressentir l'auteur du *Traité des Passions*. Il pose en principe que quelquefois « les meilleurs hommes commettent de très grandes fautes », parce

_____
(1) T. VIII, p. 59, mai 1638.

qu'ils ne jouissent pas complètement de leur liberté.
Aussi a-t-il voulu chercher la cause qui a pu porter celui-ci
à commettre un acte si contraire à son caractère. Il a
appris qu'au moment où ce malheur lui est arrivé, « il
avoit une extrême affliction à cause de la maladie d'un sien
enfant » ; il en conclut qu'il n'était pas maître de lui, « car
lorsqu'on a quelque grande affliction et qu'on est mis au
désespoir par la tristesse, il est certain qu'on se laisse bien
plus emporter à la colère », et les fautes ainsi commises,
« sans aucune malice préméditée, sont, ce me semble, les
plus excusables ». Puis quittant ce point de vue interne
pour envisager la question sous un autre rapport, il observe que de plus coupables n'ont pas été inquiétés. Il
sait bien qu'il est très utile de laisser faire quelquefois
des exemples, mais il lui semble que « le sujet qui se
présente n'y est pas propre ».

Il ne néglige rien, on le voit, pour faire triompher sa
thèse : ses arguments sont sans réplique ; ils montrent à
quel degré il avait le sens du réel. A Huygens il tenait
le langage de la froide raison ; ici, aux prises avec des difficultés nouvelles, il observe une attitude différente, tout
en restant toujours fidèle à ses principes.

La fin de l'année 1640 lui fut fatale : il perdit successivement, en quelques semaines, sa fille, la petite Francine (1),
à l'âge de cinq ans, et son vieux père Joachim (2). Ce double malheur laissa dans son cœur une douloureuse impression : « ceux qui me vouloient défendre la tristesse m'irri-
toient, dit-il (3), au lieu que j'étois soulagé par la complaisance de ceux que je voyois touchés de mon déplaisir. »
Sous le coup de ce chagrin, il eut l'occasion d'écrire à

---

(1). Elle mourut à Amersfort le 7 septembre 1640.

(2) Joachim Descartes mourut à l'âge de 78 ans. Il fut inhumé à Nantes, le
20 octobre 1640. BAILLET, t. II, p. 89, 90 et 93-99.

(3) T. VIII, p. 446.

un ami, Alphonse de Pollot (1), dont le frère venait de mourir. Dans cette lettre de janvier 1641, ses consolations se résument en des conseils qui reproduisent la première et la troisième maximes.

« Je ne suis pas de ceux qui estiment que les larmes et la tristesse n'appartiennent qu'aux femmes », écrit-il, faisant un douloureux retour sur lui-même. « Je ne m'oppose point à vos larmes », mais « il doit néanmoins y avoir quelque mesure. »

Il serait barbare de ne pas s'affliger du tout, ce serait lâcheté que de se laisser complètement abattre ; entre ces deux extrêmes le devoir est tracé, et il faut tâcher de le suivre de tout son pouvoir.

Dans les cruelles circonstances où il se trouve, sa sympathie se transforme et devient plus compatissante : il comprend qu'il ne faut point heurter de front la douleur, et comme Sénèque (2), il la contourne habilement.

Il observe d'abord que la religion nous rassure en promettant dans l'autre vie aux gens d'honneur « des joies et des récompenses ».

Le temps aussi amène un adoucissement à nos deuils ; puis nous pouvons beaucoup par nous-mêmes, si nous savons procéder avec art.

N'oublions pas surtout que, s'il ne faut pas essayer de chercher un apaisement immédiat, il importe de ne pas prolonger notre tristesse « par nos pensées ».

Enfin, il est un remède plus simple : il l'a expérimenté, et, si vulgaire qu'il soit, il ne le dédaigne pas. « Je vous prie seulement de tâcher peu à peu de l'adoucir (votre peine), en ne regardant ce qui vous est arrivé que du biais,

---

(1) T. VIII, p. 446.

(2) Sénèque, édit. Nisard, p. 65, *Consolat. à Helvia.* « Dolori tuo, dum recens sæviret, sciebam occurrendum non esse, ne illum ipsa solatia irritarent et accenderent. »

qui vous le peut faire apparoître le plus supportable et en vous divertissant le plus que vous pourrez par d'autres occupations, »

C'était l'idée d'Epictète (1) : chaque chose a deux anses, l'une propre à la porter, l'autre qui n'y peut servir, et Sénèque (2) recommande de même l'étude en pareille circonstance.

La résignation et la distraction, dans le sens le plus élevé, sont aussi, pour Descartes, les seuls moyens efficaces; faire de nécessité vertu est le dernier mot de la sagesse. Ce n'est pas l'attitude indifférente du sceptique, c'est celle du philosophe, toujours préoccupé de vivre conformément à la raison, en soumettant ses désirs à l'ordre du monde.

Descartes s'est rarement départi de cette modération qu'il avait empruntée à Montaigne. S'il presse Reg 's (3) de répondre aux attaques de l'appendix de Voetius, il l'engage à le faire d'une manière « si douce et si modeste » qu'il n'irrite personne. Il le supplie de ne pas s'émouvoir si on l'empêche d'enseigner ses principes dans sa chaire d'Utrecht. « Je ne sais comment vous prenez la chose, mais si vous m'en croyez, vous ne ferez qu'en rire et mépriser tout cela. (4) »

Une autre fois (5), il le félicitait de la persécution qu'il avait soufferte pour la vérité, et de la modestie et de la douceur, dont il avait fait preuve dans l'adversité. Ce sont les qualités auxquelles il attachait le plus de prix et dont il ne cessait de donner l'exemple.

(1) *Manuel* LXV.
(2) Sénèque, édit. Nisard, p. 59. « Nunc itaque studiis tuis immerge altius, nunc illa tibi velut munimenta animi circumda, nec ex ulla tui parte inveniat introitum dolor. »
(3) T. VIII, p. 583, février 1641.
(4) T. VIII, p. 563, 3 janvier 1642.
(5) T. VIII, p. 614, mars 1642.

Ses relations avec Elisabeth sont particulièrement inté-
ressantes : elles laissent voir, à côté du Descartes moraliste, un Descartes directeur de conscience, qui aide
singulièrement à comprendre la portée pratique de sa
doctrine. Sa correspondance n'est pas seulement philosophique, elle est personnelle et intime. Il ne se borne pas à
commenter Sénèque et à exposer son opinion sur le souverain Bien : à la sollicitation de sa noble lectrice, qui, peu
à peu, l'initie à ses peines et à ses hésitations (1), il lui
trace une véritable méthode de vie, merveilleusement
adaptée aux circonstances et capable de donner en même
temps satisfaction aux aspirations élevées de sa conscience. Nous devons ainsi à une femme de connaître le
fond de sa pensée morale.

Nul ne pouvait d'ailleurs mieux le comprendre que la
princesse Palatine. N'a-t-il pas dit (2) : « Je n'ai jamais rencontré personne, qui ait si généralement, ni si bien entendu
tout ce qui est contenu dans mes écrits » ?

Elle occupe, en tous cas, une place à part dans l'école
cartésienne, cette jeune fille de sang royal (3), si attachante
par sa beauté, par son intelligence et par son caractère,
qui, née pour être reine (4), mourut abbesse de Herford (5),
ayant connu de la vie toutes les amertumes !

(1) FOUCHER DE CAREIL, *Lettre* III, p. 53. « Je désespéreray, lui écrit-elle
de la Haye le 1er juillet 1643, de trouver de la certitude en chose du monde,
si vous ne m'en donnez. »

(2) T. III, p. 3 sqq. *Dédicace des Principes*, juillet 1644.

(3) Elle était la fille de Frédéric de Bohême à qui ses malheurs ont fait donner
le surnom de *Winter Kœnig*, roi d'un seul hiver.

(4) Elle refusa, à vingt ans, la main de Wladislas, roi de Pologne.

(5) « Elle fit de cette abbaye une académie philosophique pour toutes sortes
de personnes d'esprit et de lettres, sans distinction de sexe ni même de religion. Les catholiques romains, les calvinistes, les luthériens y étoient également reçus, sans en exclure les Sociniens et les Déistes. » BAILLET, t. II, p. 235.
Consulter sur la vie de la princesse Palatine : *Descartes, la Princesse Elisabeth
et la Reine Christine*, Paris, 1879, et *Descartes et la Princesse Palatine*, Paris,
1863, par FOUCHER DE CAREIL.

Après les premières années qui suivirent la chute du trône paternel, elle s'était retirée à la Haye. Le salon de sa mère réunissait alors les hommes les plus distingués de la Hollande, tous ceux qui avaient défendu le *Discours de la Méthode*, Constantin Huygens, le père de Christian, M. de Wilhem, M. de Hooghelande, M. Pollot, M. de Brasset. La Princesse avait alors vingt-sept ans. Éprise de métaphysique, elle désirait vivement connaître Descartes. Le marquis de Dhona le lui présenta. A Pâques de 1641, le Philosophe s'installait au château d'Endegrest, à quelques lieues de La Haye, et fréquentait à la cour de la reine de Bohème. La Princesse s'adonnait avec ardeur à la philosophie ; l'année suivante elle était cartésienne, malgré les exhortations de Mlle de Schurmann ; elle ne s'amusait plus « aux vétilles de l'école » et « voulait connoître les choses clairement ».

En 1644, Descartes lui dédiait les *Principes*, dont il lui communiquait le manuscrit. Peu de temps après (1), il écrivait à son intention le *Traité des Passions*, et, pendant six années (2), il entretenait avec elle le commerce le plus élevé, abordant tour à tour les plus graves sujets. Nous avons déjà largement mis à contribution cette correspondance quand il nous a fallu exposer la théorie cartésienne du souverain Bien : il reste à l'envisager au point de vue de la pratique que Descartes recommande. Elisabeth n'était pas seulement avide de vérité, elle était éprise de vertu. En proie aux plus grands chagrins domestiques, au milieu d'une crise morale, qui affaiblit gravement sa santé, elle reste préoccupée de son perfectionnement, et elle se tourne avec angoisse vers le Philosophe, le suppliant de relever son courage et de venir à son secours.

(1) En novembre 1645.
(2) La dernière lettre est du 4 décembre 1649.

Descartes répond avec empressement à ces appels réitérés : il se penche d'abord avec curiosité vers celle qui lui demande de l'éclairer avec une si imperturbable confiance, mais l'intérêt bientôt se transforme en amitié, et un colloque plus intime ne tarde pas à s'établir entre eux.

C'est ainsi que, dans une lettre du 24 mai 1645 (1), elle est amenée à lui décrire la maladie qui la mine et dont la cause est la tristesse qui lui inspirent les malheurs et la déchéance de sa famille. Elle essaie bien de suivre les préceptes cartésiens et de dompter ses inquiétudes par le raisonnement, mais de nouvelles infortunes sans cesse les raniment, et elle se demande que faire et s'il lui convient de boire les eaux de Spa.

La question paraît un peu en dehors de la compétence de Descartes. Il n'en est rien cependant. On sait l'importance qu'il attachait à la médecine (2) et l'influence qu'il reconnaissait au physique sur le moral : aussi ne songe-t-il pas un instant à se dérober. Sa consultation (3) au reste en vaut une autre. Très finement, il diagnostique la maladie de la Princesse, et, pour la guérir et dissiper sa mélancolie, il l'engage d'abord à envisager désormais ses malheurs du côté le plus favorable. En supprimant la cause du mal, elle supprimera le mal lui-même. Elle pourra boire ensuite des eaux de Spa; mais c'est le traitement moral qui est surtout essentiel : il l'a expérimenté pour son compte, et il n'hésite pas à lui attribuer la disparition d'un mal de poumon dont il avait souffert dans son enfance.

Elisabeth croit le conseil excellent (4) ; mais elle confesse son impuissance à séparer ses sens et son imagination des

(1) *Lettre VII*, p. 61 sqq.
(2) Descartes était le petit-fils d'un médecin de Châtellerault. V. *La Famille de Descartes en Bretagne*, par S. Ropartz, Saint-Brieuc, 1876.
(3) T. IX, p. 200, juin 1645.
(4) *Lettre VIII*, p. 65, 12/22 juin 1645.

malheurs qui la poursuivent. Elle ne peut arriver à surmonter immédiatement ses infortunes : un certain temps lui est nécessaire, et cela suffit pour ébranler sa santé. Descartes lui répond (1), appropriant toujours ses conseils à la situation, que, si l'on ne peut éviter le premier ébranlement, on peut du moins se ressaisir le lendemain. Ce procédé lui est familier (2), et toujours il conseille de regarder les choses « du biais, qui les fait paroître à notre avantage, pourvu que ce soit sans nous tromper ». C'est à cela qu'il doit sa constante belle humeur, car cet optimiste quand même n'est pas un optimiste grossier : il ne conseille pas de noyer ses peines « dans le vin ou de les étourdir avec du petum », et jamais il ne choque les délicates pudeurs de l'âme malheureuse qu'il a entrepris de secourir.

C'est à sa raison seule qu'il s'adresse, et ce n'est pas un des côtés les moins intéressants de cette thérapeutique morale. Dans la direction des consciences, le sentiment a souvent une part plus grande que le raisonnement, et le cœur parfois y apporte des raisons que la raison ne comprend pas. Ici rien de pareil, et il n'est pas jusqu'à la sympathie de ces deux âmes qui ne revête une forme surtout intellectuelle.

Elle ne s'en manifeste pas moins, en toute occasion, avec une réciprocité parfaite. La conversion de son frère Édouard, qui s'était fait catholique par intérêt « sans faire la moindre grimace », causa à Elisabeth un véritable chagrin, et elle, qui, à vingt ans, avait refusé la main du roi de Pologne pour ne pas abjurer, en référa aussitôt à son ami (3), lui confiant que ce nouveau malheur avait ruiné l'œuvre de sa direction, troublé son âme et ébranlé sa santé.

(1) T. IX, p. 204, fin juin 1646.
(2) T. IX, p. 236, début d'octobre 1645.
(3) *Lettre XV*, mars (?) 1646, p. 87.

Cette fois, le Philosophe répond avec sa réserve habituelle en pareille matière (1), il se contente de quelques sages exhortations, mais il se garde de blâmer. « Ceux de la religion dont je suis sont obligés d'approuver la conversion du Prince. »

D'ordinaire il n'en va pas de la sorte : il est plus libre, et derrière le ton cérémonieux que garde toujours, suivant l'usage du temps, la correspondance (2), on sent battre un cœur plus ému et plus compatissant.

On sait combien son amitié pour Elisabeth fut fidèle.

Il lui en donna les marques les moins équivoques. Au lendemain de l'exécution de son oncle Charles Ier (3), il intervint pour relever son courage (4), et c'est en grande partie pour lui concilier Christine, qu'il entreprit, en octobre 1649, ce voyage en Suède qui devait lui être fatal.

Elisabeth d'ailleurs lui garda toujours une vive reconnaissance, et elle a elle-même glorifié cette sagesse, grâce à laquelle, dit-elle (5), « un esprit sensible comme le mien s'est conservé si longtemps parmi tant de traverses dans un corps si faible, sans conseil que celuy de son propre raisonnement et sans consolation que celle de sa conscience. »

Elle a dit encore (6) : « La profondeur et la force de mon maître étoient admirables pour scruter l'intérieur de l'esprit humain et déterminer les limites de ce qui est possible à l'homme et de ce qui dépasse ses forces. »

N'est-ce pas le plus bel éloge que l'on puisse faire de cette direction ?

(1) T. IX, p. 371, mars 1646.
(2) La princesse n'écrivait pas à Descartes sans faire un brouillon (Lettre XVI, p. 92). Elle l'appelait « M. Descartes », et elle signait : « votre très affectionnée amie à vous servir. »
(3) Le 8 février 1649.
(4) T. X, p. 207, 20 février 1649.
(5) FOUCHER DE CAREIL, p. 63, lettre du 24 mai 1645.
(6) FOUCHER DE CAREIL, Descartes et la Princesse Palatine, 1862, p. 59.

Convenons pourtant qu'il y a manqué quelque chose.
Certes, Descartes a relevé le courage de la Princesse, il l'a
réconciliée avec la vie, il lui a rendu la foi en la raison :
mais, au lieu de se borner à lui enseigner l'art d'être
heureuse, il eût pu, peut-être, l'élever plus haut. A côté
de la résignation, il y a, pour les natures vertueuses, la
joie même que cette résignation entraîne ; et cette idée
très stoïcienne et très chrétienne était digne d'Elisabeth.

Telle qu'elle est, cette correspondance conserve, à
plus de deux cents ans de distance, un intérêt qui n'a
pas vieilli. Elle rappelle les épîtres de Sénèque à Luci-
lius, mais quelle différence entre les deux philosophes,
sinon entre les deux philosophies! L'un se penche avec
sollicitude vers celle qui se confie à lui : pour la guérir, il ne néglige rien. Il met un point d'honneur à la
convaincre et il s'efforce de la soulager. L'autre au contraire ne pénètre pas aussi avant dans l'intelligence et
dans la conscience de son disciple. Il s'en tient à des
exhortations très élevées, mais très générales, qui pourraient être aussi bien entendues d'un autre. Il lui dit sans
doute que la fortune ne dépend pas de nous (1), que la
sagesse seule constitue le souverain Bien (2) et qu'elle
rend l'homme heureux (3), mais il ne le dit pas dans les
mêmes termes. Il n'y a pas, dans ses lettres, la même
intensité de vie; le côté humain lui échappe en quelque
sorte; on ne sent pas chez lui la main qui relève, et ce
n'est pas le colloque ardent et contradictoire auquel nous
venons d'assister, et qui éclaire d'une si vive lumière

(1) *Œuvres complètes de Sénèque*, édition Nisard. *Ad Lucilium*, *Epist. VIII*,
p. 534.

(2) *Epist. LXVI*, p. 630 : « Summum bonum est quod honestum est... Socrates,
qui totam philosophiam revocavit ad mores, et hanc summam dixit esse sapien-
tiam, bona malaque distinguere... »

(3) *Epist. XVI*, p. 551.

le caractère de Descartes et de la princesse Palatine (1).
Là vraiment c'est la Morale cartésienne en action, aux
prises avec la réalité; et en l'envisageant « sous ce nouveau biais », on en pénètre mieux encore le sens et la
portée.

C'est l'application même des maximes : Descartes ne
les a donc point adoptées par crainte des théologiens ou
des pédagoques, et sa vie porte témoignage en faveur
d'une doctrine, dont il ne nous reste plus qu'à suivre le
développement historique.

(1) Nous ne parlons pas ici des lettres à la reine de Suède, qui offrent un
intérêt purement dogmatique.

DEUXIÈME PARTIE

CHAPITRE PREMIER

Origines historiques de la Morale provisoire. Les Pyrrhoniens et les Stoïciens au temps de Descartes

Nous avons envisagé la Morale cartésienne en elle-même : il faut maintenant la replacer dans son milieu et à son époque. Nous rechercherons d'abord comment elle s'y rattache ; nous verrons ensuite l'importance qu'elle a prise dans le mouvement philosophique du xvii° siècle. Les idées s'apprécient surtout par l'influence qu'elles exercent : l'histoire complétera ainsi notre démonstration.

Si le principe de la Morale provisoire appartient en propre à Descartes, les maximes qui la constituent ne procèdent pas du développement logique de sa philosophie : et lui, qui se flatte de ne rien devoir à ses devanciers, obéit ici, suivant la juste remarque de M. Liard (1), à l'empire des souvenirs et des traditions.

Quels sont ces souvenirs et ces traditions? Est-il possible de déterminer les origines historiques des maximes ?

(1) *Descartes*, p. 246.

On pourrait, à première vue, supposer que le Philosophe s'est inspiré des leçons qu'il avait reçues dans sa jeunesse. N'envoyait-il pas au P. Etienne Noël, recteur du collège de la Flèche (1), en juin 1637, un exemplaire du *Discours de la Méthode*, en lui déclarant qu'il était « bien aise de lui offrir comme un fruit qui lui appartenoit et duquel il avoit jeté les premières semences en son esprit »?

Plus tard, le 15 mai 1644, il écrivait au P. Vatier (2) : « Je serois ravi de retourner à la Flèche où j'ai demeuré huit ou neuf ans de suite en ma jeunesse, et c'est là que j'ai reçu les premières semences de tout ce que j'ai appris. »

Il avait conservé de ce collège, s'il faut en croire Baillet (3), un vif souvenir; il le recommandait à l'occasion, et il pensait qu'il était très utile « d'avoir étudié le cours entier de philosophie de la manière qu'on l'enseigne dans les écoles des Jésuites, avant qu'on entreprenne d'élever son esprit au-dessus de la pédanterie pour se faire savant de la bonne sorte. (4) »

Ce cours durait trois années (5) : la première était consacrée à la logique et à la morale, la seconde à la physique et la troisième aux mathématiques. Ce fut « le septième de juin 1610, après la mort d'Henri IV », que Descartes « reprit l'étude de la philosophie morale avec le P. François Véron. »

Ce dernier se contenta sans doute de lui commenter l'Ethique.

Le plan d'études des Jésuites, dressé sous Acquaviva et

(1) DE ROCHEMONTEIX. *Le collège Henri IV de la Flèche, un collège de Jésuites aux XVIIe et XVIIIe siècles*. Le Mans, 1889. T. IV, p. 57.

(2) Eod. loc., t. IV, p. 76.

(3) T. I, p. 32.

(4) T. VIII, p. 545. Cette lettre est de 1641.

(5) DE ROCHEMONTEIX, t. IV, p. 58.

publié à Anvers en 1635 (1), « consacre en effet le règne
d'Aristote dans leurs collèges (2) ». Des notes d'un cousin
de Descartes, René Sain, réunies par le P. Gandillon (3),
ne laissent aucun doute à cet égard, et il est probable
qu'il en était ainsi dès le commencement du xvii⁰ siècle.
Certes quelques membres de la congrégation, comme
le P. Pétau, qui dédiait en 1616 à Guillaume du Vair son
édition du *Breviaricum historicum S. Nicephori*, ont pu
dans leurs écrits professer une autre doctrine, mais il n'en
résulte pas que leur enseignement ait été pour cela modi-
fié, et l'on peut, sans crainte de se tromper, affirmer que
Descartes reçut à la Flèche, avec une éducation chrétienne,
les principes d'une Morale aristotélicienne.

Or les maximes, dans leur esprit général, bien qu'on y
rencontre certaines idées communes sur la pratique des
vertus, ne procèdent pas de cette tradition. Descartes n'y
a pas même fait d'emprunts inconscients, ainsi qu'on l'a
soutenu à tort (4), et ce ne sont pas ses premiers maîtres
qui lui ont appris l'art de se conduire dans la vie.

Quand il adopte ses règles, il obéit à des sentiments

(1) *Ratio atque institutio studiorum societatis Jesus*. Antuerpiae, 1635.

(2) Augustin SICARD. *Les Études Classiques, avant la Révolution*, p. 255
et 386.

(3) « Ce livre, dit le P. de Rochemonteix, qu'on trouve à la bibliothèque de
Tours, est un gros in-4° de 494 pages. » *Loc. cit.*, t. IV, p. 27. Ce manuscrit
porte le numéro 714 du catalogue. Il fut probablement écrit entre 1616 et 1619.
Sain soutint sa thèse en 1620. La morale occupe 90 pages environ. La
division est celle d'Aristote ; et seul ou presque seul des philosophes grecs,
Aristote est cité, très souvent commenté par des passages de saint Augustin, de
saint Thomas ou de quelques Pères de l'Église. Dans la « *disputatio de beatitu-
dine* » notamment, on ne discerne pas de tendances stoïciennes. — La lecture de
ce manuscrit nous a été facilitée par M. Collon, archiviste-paléographe à Tours,
auquel nous adressons nos vifs remerciements.

(4) KUNO FISCHER, *Geschichte der neuern Philosophie*, 1865. B⁴. I, th. I, 11.
F. MARTIN. *De illa quam Cartesius sibi ad tempus effinxit ethica*, p. 13,
16 et 80. — BAILLET avait déjà soutenu (t. I, p. 280) que Descartes n'avait
jamais « embrassé ni débité d'autre philosophie [morale que celle de saint
Thomas. »

8

individuels et à des influences extérieures moins lointaines.

Nous avons déjà dit comment le besoin du devoir le
conduit naturellement au stoïcisme : mais, à côté de cette
explication psychologique, il en est une autre d'ordre historique qui ne saurait être négligée.

Il ne faut pas oublier que le pyrrhonisme et le stoïcisme,
qui ont ici visiblement agi sur lui, se partageaient alors
les esprits (1). En se mêlant au monde, il dut de bonne
heure en ressentir les effets, et c'est en réalité sous l'empire de ces deux courants qu'il s'est lui-même formé sa
Morale.

Il est aisé de démêler chez lui les traces de ces tendances
opposées (2), et, en restituant à chacune la part qui lui revient dans l'élaboration d'une doctrine qui reste pourtant
profondément originale, nous verrons par quelles racines
profondes elle se relie au mouvement contemporain.

Mais une observation préliminaire s'impose. Il convient
de ne pas oublier que l'on confond d'ordinaire, dans la
langue du XVIIe siècle, les pyrrhoniens et les épicuriens,
probablement parce que les pyrrhoniens de ce temps
aboutissaient presque toujours à une Morale facile (3), que
l'on désignait alors, par opposition au stoïcisme, sous le
nom général d'épicurisme, bien qu'elle ne rappelât en
rien la Morale très dogmatique et très élevée d'Epicure.

Cette remarque a son importance : elle évitera désormais toute méprise.

C'est au pyrrhonisme que Descartes paraît tout d'abord

(1) V. sur l'importance du scepticisme au temps de Descartes, F. BOUILLIER,
Hist. de la Philosophie Cartésienne, t. 1, p. 27.
(2) « Sa morale est un composé des sentiments des stoïciens et des épicuriens,
ce qui n'est pas fort difficile, car déjà Sénèque les conciliait fort bien. »
Lettres et opuscules inédits de Leibniz, publiés par FOUCHER DE CAREIL, p. 8.
(3) PERRENS, Les Libertins en France au XVIIe siècle, Chailley, 1896, ch. I.

incliner : la première règle, qui a si vivement frappé
M. Brunetière (1), vient des *Essais*.

C'est d'ailleurs en voyageant comme Montaigne que
Descartes a, comme lui, appris « à ne rien croire trop
fermement de ce qui ne lui avoit été persuadé que par
l'exemple et par la coutume (2) », et qu'il a reconnu « que
tous ceux qui ont des sentimens fort contraires aux siens
ne sont pas pour cela barbares, ni sauvages (3) ». Aussi
aboutit-il provisoirement à la même conclusion, et quand,
au milieu du perpétuel devenir des choses, préoccupé de
conserver sa liberté, il recommande la prudence et s'en
remet à la coutume, il ne fait que s'approprier ce passage du
grand douteur : « Le sage doit au dedans retirer son âme
de la presse et la tenir en liberté et puissance de juger,
mais au dehors il doit suivre entièrement les façons et
formes reçeues ! (4) »

Et ce n'est pas là une rencontre fortuite : quand on
y regarde de près, il semble que des liens plus étroits
unissent les deux penseurs.

Si Montaigne ne se départ jamais de cette réserve, qui
reparaîtra dans la première règle cartésienne, il ne paraît
pourtant pas s'en contenter. Le scepticisme n'est pas le
seul oreiller sur lequel il aime à reposer sa tête : il ne doute
lui-même que pour se dégager du passé et pour embrasser
plus librement l'avenir. Aussi rencontre-t-on chez lui des
pages qui contrastent singulièrement avec son indolent
épicurisme ; s'il ne s'élève jamais jusqu'à l'héroïsme, il
parle du moins de la mort, qui n'est qu'une « pièce de la
vie du monde (5) », avec une stoïque élévation, et il recom-

(1) Dans l'article déjà cité sur *le Cartésianisme et le Jansénisme*.
(2) *Discours de la Méthode*.
(3) *Ibidem*.
(4) *Les Essais*. Liv. I, ch. XXIV.
(5) Liv. I, ch. XIX.

mande de même la constance dans l'adversité : « Certes,
dit-il (1), nous ne forcerons pas la loy de nature de
trembler sous la douleur. Nous avons cependant un
moyen de l'anéantir, au moins de l'amoindrir par patience
et, quand bien le corps s'en émouveroit, de maintenir
néantmoins l'asme et la raison en bonne trempe... On y
arrive par la vaillance, la force, la magnanimité et la résolution. » Sa philosophie n'est donc pas purement néga-
tive ; son livre est vraiment « massonné des dépouilles de
Sénèque et de Plutarque (2) ». Il lui arrive bien sans doute
de s'écrier que « le dernier but de notre visée, c'est la
volupté (3) » ; mais il n'oublie jamais la vertu, qui doit être
recherchée « malgré sa queste scabreuse et laborieuse »,
et, au milieu des contradictions d'une pensée éblouie par
trop de lumière, c'est en définitive dans la loi morale et
dans l'idée du devoir qu'il retrouve un nouveau chemin
vers la certitude. C'est là que, « provisoirement », il se
réfugie, défiant, sur ce roc inexpugnable, les hésitations
de son génie. « Vivre dans la modération..., voilà, selon
lui, le dernier mot de notre sagesse... Nous serons
d'autant plus élevés parmi les intelligences et d'autant
plus heureux parmi les hommes, que nous regarderons
de plus haut et d'un œil plus tranquille les affirmations
téméraires auxquelles ils se livrent, et les passions vio-
lentes qui, nées de ces affirmations mêmes, les emportent
pour leur malheur dans des agitations stériles (4) ».

N'est-ce pas déjà l'attitude qu'observera Descartes,
quand, après avoir fait table rase du passé, voulant vivre
heureux, il déclarera que le plus sûr est de bien vivre ?

(1) Liv. I, ch. XII.
(2) Liv. I, ch. XIX.
(3) Liv. I, ch. XIX.
(4) Prévost-Paradol, *Études sur les Moralistes Français*, 1865, Montaigne,
p. 32.

On dirait que ces grands génies ont traversé les mêmes doutes et éprouvé les mêmes besoins. Tous deux, en tous cas, ont cru au devoir, et, s'ils ne l'ont pas compris de la même manière, ce rapprochement est déjà significatif. Nous avons vu d'ailleurs comment Descartes se rencontre avec Montaigne quand il écrit sa première maxime, et c'est bien le pyrrhonisme des *Essais* qui traverse le stoïcisme cartésien, répandant sur lui cette légère teinte d'ironie qui n'est encore qu'une forme élevée de l'indulgence et de la bonté, et qui imprime à sa vertu, nullement ennemie du plaisir, ce caractère d'aimable douceur qui la tempère, sans lui enlever son austère grandeur.

Il ne faut pas au reste s'en étonner. Les *Essais* avaient joui d'une grande faveur. De 1600 à 1635 on en a compté jusqu'à 51 éditions (1); en 1635 paraissait, avec la fameuse balance et la devise « que sais-je », celle de Mlle de Gournay, que l'auteur appelait sa fille d'alliance.

Mlle de Gournay mourut en 1645, toujours fidèle à la mémoire de son ami, entretenant par tous les moyens le culte qu'elle lui avait voué, et continuant à cet égard l'œuvre de Pierre Charron, que nous ne pouvons passer sous silence.

Le *Traité de la Sagesse* (2) parut dès 1601.

Selon Charron, la liberté du jugement consistant à ne se déterminer qu'après mûr examen, il « ne faut tenir fermement qu'à ce qui est plus vraisemblable et plus utile (3) ». Le sage, par suite, ne doit jamais « blâmer les opinions et les coutumes des autres pays (4) ». Il se garde

---

(1) PAYEN et BASTIDE, *Inventaire de la collection des ouvrages et documents réunis sur Michel de Montaigne.* Paris, 1878.

(2) *De la Sagesse en trois livres.* Bordeaux, 1601. Paris, 1604. *Le Petit traité de la Sagesse* parut en 1606. Toutes les œuvres de Charron furent rééditées en 1635.

(3) *La Sagesse*, liv. II, ch. II.

(4) Liv. II, ch. VIII.

« de la contagion du monde et même de soi (1) » ; il se connaît, domine ses passions, règle ses désirs (2), conserve une humeur égale dans la prospérité et dans l'adversité (3).

Mais, après avoir posé ce premier précepte, Charron, qui a lu et un peu copié du Vair (4), ne tarde pas à incliner vers le stoïcisme.

Il parle avec éloquence de la mort, qu'il faut s'accoutumer à voir de près (5), de la gloire et de l'ambition, qui ne constituent pas la vraie récompense de la vertu (6) ; à l'exemple de Sénèque, il conseille de combattre la tristesse d'une façon « oblique », en recherchant « quelques distractions aux chagrins qui nous obsèdent (7) », et il concilie déjà à sa manière ces deux grands courants qui se disputeront la pensée de Descartes.

Ce mouvement inauguré par Montaigne devait avoir des conséquences imprévues. Son scepticisme ne resta pas un cas isolé, il se généralisa. Son influence plus ou moins latente fut d'autant plus tyrannique qu'elle ne s'imposait pas, et l'on a pu voir en lui « le grand ancêtre des libertins (8) ». Ils sont nés, a dit le P. Garasse, de la doctrine des *Essais*, « leur livre cabalistique ».

A la suite de Montaigne, en tous cas, se leva une foule de douteurs, qui posèrent avec quelque hardiesse les problèmes les plus redoutables ; et les premières années du XVIIᵉ siècle ont retenti de ces discussions, qui

(1) Liv. II, ch. i.
(2) Liv. II, ch. iv.
(3) Liv. II, ch. vii.
(4) M. Cougny écrit qu'un tiers de l'ouvrage de Charron appartient à du Vair. *Guillaume du Vair*. Paris, 1857, p. 143.
(5) Liv. II, ch. xi.
(6) Liv. II, ch. xlii.
(7) Liv. II, ch. xxix.
(8) Perrens. *Les libertins en France au XVIIᵉ siècle*, p. 44.

marquent l'avènement du libre examen et l'affranchisse-
ment de la conscience.

Au premier rang des libertins de ce temps, il faut placer le poète normand Jean Sarrazin (1), le rival de Voiture,
l'ami de Ménage, qui publia ses œuvres (2), et dont la vie
aventureuse (3) et les sonnets licencieux sont le produit
direct de cet épicurisme facile, qui avait peu à peu envahi
les salons et dont des Barreaux (4), un des beaux esprits
du XVIIᵉ siècle qui ne songeait qu'à « la bonne chère et
aux divertissements (5) », reste le type le plus accompli.
Cet amour des plaisirs ne les empêchait pas d'ailleurs
d'apprécier la compagnie des lettrés (6). Baillet affirme (7)
que Descartes entretint avec Sarrazin des relations et qu'il
reçut aussi en Hollande la visite du seigneur des Barreaux (8), qu'il avait connu à Paris en 1625.

Mais le nom de ce dernier qui mourut, comme tant
d'autres, dans le giron de l'Eglise (9), est surtout attaché
au souvenir d'un épicurien également connu de Descartes, dont la renommée fut aussi grande que fugitive
et qui paya de sa liberté son audace.

Théophile de Viau (10), qui devait si vite tomber dans
l'oubli, a tenu une place tout à fait prépondérante. Il avait
groupé autour de lui des disciples, tels que Mayret, de

---

(1) 1604-1654. V. sur Sarrazin, PERRENS, loc. cit., p. 256, et *Notice sur Sarrazin* par M. HIPPEAU, *Mémoires de l'Académie de Caen*, 1885, p. 307-424.

(2) En 1656.

(3) Il n'en conquit pas moins, au cours d'un voyage, la sympathie de la fille
du roi de Bohême, la princesse Sophie, sœur d'Elisabeth et future correspondante de Leibnitz.

(4) Jacques Vallée, sieur des Barreaux, fils d'un conseiller au Parlement,
1602-1663. V. sur des Barreaux, PERRENS, *op. cit.*, p. 115.

(5) BAYLE, *Dictionnaire*, art. des Barreaux.

(6) Des Barreaux connaissait Balzac, Théophile de Viau, etc.

(7) BAILLET, t. I, p. 144 et 145.

(8) BAILLET, t. II, p. 176.

(9) V. à cet égard BAYLE, *loc. cit.*

(10) 1590-1626. Cf. PERRENS, p. 74 sqq.

Boissat (1), Denis Sanguin de Saint-Pavin (1), qu'il for-
mait à l'impiété et qui constituaient « cette école de
jeunes veaux », dont parlait le P. Garasse.

Théophile attaquait avec ardeur les faux dévots, dont il
persiflait les mœurs.

Les Jésuites, se sentant visés (3), ripostèrent en dénon-
çant son libertinage.

C'était plus qu'il n'en fallait. Un procès s'ensuivit (4), et
le poëte, jeté en prison, dut se résigner et se consoler à
l'aide de la religion. Il mourut le 26 septembre 1626.

De cette lutte savamment organisée contre l'auteur du
Nouveau Parnasse Satyrique (5), coupable, à tout prendre,
de libre pensée, il reste un document instructif. C'est le
libelle que rédigea en vue du procès le jésuite Garasse (6).
Il est intitulé : *La doctrine curieuse des beaux esprits
de ce temps* (7). Les libertins n'y sont pas ménagés (8) :
l'auteur les compare aux sauvages de la Virginie, qui
coupent l'arbre au pied pour avoir le fruit et vivent comme
des bêtes. « Voylà le train que nos nouveaux Epicuriens
voudroient introduire dans Paris ! (9) »

Il s'étend longuement sur leurs mœurs dissolues, et, re-
montant à la source de tant de maux, il dénonce avec indignation les livres qui composent leurs bibliothèques : Pom-
ponace, Paracelse, Machiavel, Charron et Lucilio Vanino !

---

(1) Descartes fut en relation avec de Boissat, gentilhomme du Dauphiné, ami
de Gassendi. BAILLET, t. I, p. 145,
(2) Cf. PERRENS, p. 258.
(3) Théophile avait été élevé au collège de la Flèche.
(4) Ce procès fut dirigé par le procureur général Mathieu Molé.
(5) Cet ouvrage parut en 1622. ANDRIEU, *Théophile de Viau* (étude biobi-
bliographique), p. 13.
(6) François Garasse, né à Angoulême en 1585, entra en 1601 dans la compagnie de Jésus. J. ANDRIEU, p. 13.
(7) Paris, 1624, in-4°.
(8) Cf. *Œuvres complètes de Théophile*, édit. Alleaume. Paris, 1856.
(9) ALLEAUME, *loc. cit.* Préface, p. XIV sqq.

Malgré ses exagérations voulues, ce pamphlet montre l'importance qu'avait prise dans la première moitié du siècle le pyrrhonisme, qui s'était, en réalité, développé sous l'influence latente de Montaigne, et nous ne devons plus nous étonner que Descartes, respirant cet air, en ait ressenti les effets. Il ne vivait pas dans son poêle de Franéker, quoi qu'il en dise, « aussi retiré que dans les déserts les plus écartés (1) », et, s'il préférait la méditation « aux lectures et à la fréquentation des gens de lettres », il n'en a pas moins connu les principaux représentants de cette école. Habert de Montmor (2), qui traduisit Lucrèce et qui joua un rôle très actif dans la propagation de la doctrine d'Épicure, était encore un de ses amis, ainsi que cet autre docteur, Gabriel Naudé (3), qui saluait dans Gassendi « l'unique oracle de la philosophie de son siècle ». Dès 1634, Descartes priait le P. Mersenne d'intervenir près de Naudé pour s'assurer la bienveillance du cardinal de Bagni (4).

C'est au contact de ces libres esprits qu'il s'est en partie formé sa Morale provisoire, et c'est à cette source sceptique notamment qu'il a puisé sa première règle.

---

(1) *Discours de la Méthode.*

(2) Conseiller au Parlement de Paris, ami de Huet. Descartes lui fit présent en 1649 du *Traité des Passions* (BAILLET, t. II, p. 393, p. 266 sqq.). « Lettré et riche, dit PERRENS, lié avec ses plus distingués contemporains, il devint un centre d'Épicurisme. » *Op. cit.*, p. 139.

(3) 1600-1653. V. sur Naudé, le cours inaugural de M. Thamin au collège de France. *Rev. des cours et confér.*, janvier 1896. Naudé fut un libertin. Il ne paraît pas avoir cru aux sorciers, dit BAYLE, *Dictionnaire.* Son auteur favori était Marcel Palingenius, qui « pousse quelquefois trop loin les objections des libertins ». Il écrivit en 1623 l'*Histoire des Frères de la Rose-Croix.* BAILLET, t. I, p. 87 et 108, raconte que Descartes se préoccupa en 1619 de connaître cette confrérie, mais il ne put rencontrer aucun représentant de cette secte, dont on continuait cependant à s'occuper. — « Naudé niait beaucoup, mais il n'affirmait rien. Il n'avait pas même la foi de l'incrédulité. » PERRENS, p. 122 et 124.

(4) BAILLET, t. I, p. 253.

Les maximes II et III sont au contraire visiblement empreintes de stoïcisme (1). Cette doctrine, qui place au-dessus de tout la culture de la raison, répond à l'élévation naturelle de la pensée du Philosophe ; elle lui fournit des sentences générales dont la valeur lui paraît indépendante des systèmes, et provisoirement il s'en contente. En la choisissant, il cède cependant encore, pour une grande partie, à des influences extérieures.

Au milieu de la crise morale et religieuse qui signale ce temps, en face de perturbations politiques sans précédent, alors que tout est ébranlé et menace ruines, de courageux esprits s'élèvent, se raidissent en quelque sorte contre le malheur public, et font entendre la voix de la sagesse et de la raison. Ils parlent et prêchent d'exemple, et la doctrine qu'ils enseignent et pratiquent étonne par sa hardiesse. Ils affirment la puissance de la volonté, glorifient l'effort. On reconnaît vite le trait commun qui les unit : c'est la Morale oubliée du Portique qu'ils remettent en honneur, mais elle réapparaît cette fois plus humaine. Le christianisme l'a tempérée, en lui laissant pourtant sa grandeur, et l'on a pu écrire (2) que ce sont les principes des stoïciens qui inspirent les harangues de l'Hospital, les *Quatrains Moraux* de Pibrac et l'histoire d'Auguste de Thou. Ce retour aux idées antiques a été ainsi le résultat d'une réaction naturelle et salutaire contre le scepticisme grandissant, personnifié par Montaigne.

Quant à la doctrine même, c'est un belge, Juste Lipse (3), qui, le premier, l'expose d'une façon didactique, dès 1604.

(1) F. BOUILLIER, *Hist. de la Philosophie Cartésienne*. 3ᵉ édit., t. I, p. 30. V. aussi G. SÉAILLES, Op. cit., p. 72, et HEINZE, *Die Sittenlehre des Descartes* (Leipzig, 1872), p. 24.
(2) GOUGNY, p. 80.
(3) 1547-1606.

Son traité latin : *Manuductio ad stoïcam philosophiam*, contient soixante-six dissertations en trois livres.

Cette œuvre consciencieuse jouit d'un crédit qu'atteste Balzac, lorsqu'il écrit, non sans une certaine humeur (1) : « Enfin il est permis de parler librement de Zénon et de Chrysippe, depuis la mort de Juste Lipse et de M. le garde des sceaux du Vair! »

Guillaume du Vair est un de ceux qui ont le plus contribué à la propagande de ces idées. Premier Président au Parlement de Provence sous Henri IV, évêque de Lisieux et deux fois garde des sceaux pendant la minorité de Louis XIII, ce personnage, non moins stoïcien dans sa conduite que dans ses livres, est, dira Casaubon dans son commentaire du *Manuel* en 1659, celui qui a le mieux dépisté le vrai sens d'Epictète, *unus Varius sensum sub-odoratus est.* On donna une dernière édition de ses œuvres en 1641. Mais elle avait été précédée de dix autres, sans compter les éditions partielles qui parurent du vivant de l'auteur (2).

Il ne se contenta pas de traduire le *Manuel.* Il écrivit *la Philosophie morale des Stoïques* et le *Traité de la cons-tance et consolation ès Calamitez publiques.* Gassendi suppose que c'est *le Guide de la Philosophie stoïcienne* de Juste Lipse, qui a donné à du Vair l'idée d'écrire sa *Phi-losophie morale des Stoïques.* Ce qui est certain, c'est que du Vair a surtout puisé aux sources, et c'est « du bon Epictète », comme dira saint François de Sales, qu'il s'est inspiré (3), ainsi que de quelques traités de Sénèque, de ses Épîtres notamment, et des Offices de Cicéron.

Quoi qu'il en soit, il s'efforce de résoudre, dans cet

---

(1) *Œuvres.* Edition de 1665, t. II, p. 316. *Dernière objection du chicaneur réfutée.*

(2) GOUGNY, p. 80.

(3) GOUGNY, p. 81.

ouvrage, la question que la reine Christine et la Princesse Elisabeth poseront plus tard à Descartes, et, selon lui, le souverain Bien consiste « en l'estre et l'agir selon la nature (1) ».

Avec Sénèque (2) il démontre que « le vrai moyen de connoistre son bien est de considérer en nous ce qui le cherche. Or la volonté est ce qui cherche notre bien. Le vouloir bien réglé ne veut que ce qu'il peut; il ne s'empeschera donc point de ce qui n'est point en nostre puissance, comme d'avoir de la santé, des richesses, des honneurs.... C'est une loi divine et inviolable, publiée dès le commencement du monde, que si nous voulons avoir du bien, il faut que nous le donnions à nous-mêmes. (3) » Pour être heureux, il suffit de « purger » notre esprit des passions et d' « apprendre comment nous devons nous affectionner envers ce qui se présente ». Tout le mal vient de l'opinion, « cette téméraire maîtresse », qui nous fait regarder comme étant pour nous ce qui doit nous être indifférent.

Nous ne devons jamais perdre de vue le vrai bien de l'homme, mais pour cela « une longue accoutumance est nécessaire » : grâce à elle, le sage supporte les souffrances, les injures, et « quant à le bannir, nul ne le peut, son pays est le ciel où il aspire, passant ici-bas comme pour un pèlerinage (4) ».

Le *Traité de la constance et consolation ès calamitez publiques*, « ce petit livret moral », ainsi que l'appelle Charron (5), qui lui fait, sans le citer, les plus larges emprunts, s'occupe, comme son titre l'annonce, d'une vertu

---

(1) *La Philosophie morale des Stoïques*, in-8, 1821, p. 815.
(2) SÉNÈQUE. *Epist.* 66, 71, 74 et 87; *De vita beata*, 34, et *passim*.
(3) *Morale des Stoïques*, p. 818.
(4) *Morale des Stoïques*, p. 845.
(5) *La Sagesse*, liv. I. chap. XXXII.

chère aux stoïciens. C'est ce *Traité de la constance* qui
contient ce passage (1) où l'auteur affirme que « le vray
moyen de cognoistre la nature de nostre asme, c'est de
l'élever par-dessus le corps et la retirer toute à soy, afin
que réfléchie en soy même, elle se cognoisse par soy
même ! »

N'y a-t-il pas là déjà quelque ressemblance avec la méthode cartésienne (2)? Il semble, en tous cas, incontestable
que ces ouvrages contribuèrent beaucoup à donner aux
hommes de cette époque cette force et cette grandeur
d'âme, cette fierté de caractère, qui éclate jusque dans les
chefs-d'œuvre de Corneille.

La Sainte Philosophie est le couronnement de cette
trilogie. Le penseur avait jusqu'ici invoqué l'autorité de
la raison, il parle cette fois au nom de Dieu, et il agran-
dit l'idée stoïcienne du rôle départi à chaque homme
dans l'ordre universel : « Songeons, écrit-il (3), à accomplir le ministère qui nous a esté donné, car en
manquant à la charge que nous avons reçue, nous ne fail-
lons pas seulement pour nous, mais nous apportons la
confusion dans l'harmonie du monde et nous nous ren-
dons coupables des fautes mesmes des autres. »

Ainsi du Vair, à la différence de François de Sales,
conduit l'âme à Dieu progressivement, par l'intermé-
diaire de la sagesse humaine, et, en attendant, il se contente de cette « vaillante philosophie stoïque » qu'il a
l'incontestable mérite d'avoir fait connaître à ses contemporains.

C'est lui qui, en 1606, donna la deuxième traduction
française du *Manuel*. La première était d'Antoine Grugel,

(1) P. 1000.
(2) Du Vair, écrit PERRENS, p. 55, est cartésien quarante ans avant le *Discours de la Méthode*.
(3) Cf. COUGNY, p. 108.

de 1558. En 1630 paraissaient à Paris *les Propos d'Epictète recueillis par Arrien, translatés du Grec en François* par Jean de Saint-François, dit le P. Goulu, religieux Feuillant ; en 1653, l'édition de Desmarets de Saint-Sorlin ; en 1660 enfin, celle de Gilles Boileau.

Cette seule énumération est significative. Il en fut de même pour Sénèque. En 1603, Mathieu de Chalvet (1), président aux enquêtes au Parlement de Toulouse, traduisit ses œuvres, qu'il dédia à Henri IV : elles furent réimprimées en 1624 et en 1634. Les Elzévirs de Hollande donnèrent de leur côté deux éditions latines, en 1640 et en 1649.

C'est ce retour vers l'antiquité, inauguré par du Vair, qui détermina dans les esprits ce courant de stoïcisme qui devait influer sur les œuvres de l'époque d'une façon si caractéristique.

Les *Epistres morales* d'Honoré d'Urfé (2), l'auteur de l'*Astrée*, méritent à cet égard une mention spéciale. Nées dans ce milieu, elles en portent la marque indélébile, et elles sont le témoignagne irrécusable de la faveur dont jouissait alors cette philosophie. Elles eurent très rapidement huit éditions (3) : il est vrai qu'elles empruntaient un intérêt particulier aux circonstances dans lesquelles elles furent composées.

L'auteur nous apprend dans la dédicace de son livre qu'il a pris la plume pour se consoler de ses malheurs, au lendemain du meurtre de son frère Antoine, assassiné par les ligueurs de Villeret en Roannais, et de la mort de son fidèle ami Charles-Emmanuel de Savoie, duc de Nemours (4). Il a vingt-sept ans, il est en captivité à Feurs,

(1) BAYLE. *Dictionnaire*, article sur Mathieu de Chalvet, 1528-1607.
(2) 1568-1625.
(3) Les *Epistres morales* furent publiées pour la première fois à Lyon en 1598, in-12. V. sur d'Urfé, A. BERNARD. *Les d'Urfé*, Paris, 1839, in-8. BONAFOUS, *Études sur l'Astrée*, Paris, 1846, in-8.
(4) Il mourut à Annecy le 15 août 1595.

et trahi par la fortune, il recherche des consolations dignes de son courage. « Provisoirement », le stoïcisme les lui procure : il y puise l'esprit de sacrifice et, en même temps, des forces et des espérances nouvelles.

Car ce vaillant homme de guerre n'a pas à tout jamais déposé l'épée : il conserve au fond de son cœur l'ambition de la revanche et sa résignation n'est point passive. « Ne croyez pas, dit-il (1), que ma fortune soit perdue, voyant celle que j'avoy bastie jusqu'ici démolie. » Il garde « l'opinion de pouvoir atteindre un jour à quelque conclusion heureuse de ses désirs (2) », et, avant de se retirer de la lutte, il veut savoir « à qui le champ de bataille demeurera (3). » L'homme de parti reparaît ainsi derrière le sage, et le traité de morale se transforme parfois en mémoires : « Ce n'est point sur autruy que j'ai fait ces expériences, moy seul en suis le patient et le médecin. (4) » Ses préceptes n'en ont que plus d'autorité : ils émanent d'un stoïcien pratiquant, qui doit être cru sur parole.

Le philosophe converse avec un personnage imaginaire, Agathon, auquel il explique, non sans éloquence, des maximes de haute sagesse, sur l'origine desquelles il est impossible de se méprendre.

Il est évident que, dans sa prison, ce sage se sent libre, car il proclame l'indépendance absolue de l'âme au milieu des entraves du monde extérieur. « Je t'envoie, dit-il (5), pour conclusion cette sentence tant remarquée d'Euripide :

> Il faut pour t'asseurer chercher ton fondement
> Hors de la terre où rien ne demeure asseurément.

(1) *Epistres morales*, édit. 1623, t. I, p. 14.
(2) *Ibidem*.
(3) *Ibidem*, t. I, p. 13.
(4) Dédicace des *Epistres morales*.
(5) *Ep. 13*, t. I, p. 138.

Bâtis donc dorénavant sur le rocher de l'asme et non pas sur le gravier du corps et des prospérités de la Fortune. Excuse si ma plume est un peu trop rude. Il est nécessaire d'user du fer, quand on voit que la gangrène commence à monter. »

Il revient à maintes reprises sur la nécessité de connaître les biens dont nous jouissons, afin que la perte en soit moins pénible (1). En attendant, il recommande la constance : les prospérités amollissent l'esprit (2), et il ne faut jamais « bâtir sur le sable si mouvant de la Fortune (3) ».

Tels sont les conseils significatifs du premier livre. On sent l'homme qui se roidit contre l'adversité et qui s'affine dans cette lutte. Le malheur est « la lime de l'âme », au dire de Charron, et d'Urfé l'entend de même : « Comme le ballon s'eslève plus haut, plus il est violemment abbattu, aussi la vertu, plus elle est oppressée et plus elle donne témoignage de sa force. » « Notre asme ressemble à l'arc : car plus la corde le plie et l'efforce, plus aussi jette-t-il sa flesche loing. (4) »

Le deuxième livre, qui fut écrit un peu plus tard (5), est plus calme et plus mesuré. L'auteur se met moins souvent en scène, et, au lieu de préceptes, il s'attache à développer des thèses philosophiques : « La principale forteresse du sage, c'est la connoissance de soy même. (6) » « Il n'y a rien qui puisse guérir l'asme que le jugement. (7) »

Il ne rejette pas les passions, mais il faut savoir les dominer, « les apprivoiser », comme dira Descartes, et

---

(1) *Ep. 13*, t. I, p. 130.
(2) *Ep. 16*, t. I, p. 151.
(3) *Ep. 18*, t. I, p. 181.
(4) T. I, p. 2.
(5) L'auteur le dit expressément dans la dernière lettre du 1er livre.
(6) *Epist. 5*, t. II, p. 268.
(7) *Epist. 5*, t. II, p. 275.

« toutes les asmes n'ont pas même volonté ni même
jugement (1) ».

L'épistre IX (2) est particulièrement éloquente. D'Urfé
y ramène la vertu à Dieu : « La chaîne des connoissances,
sans se détacher, continue jusqu'à Lui,... et ainsi de l'une
à l'autre, sans se pouvoir arrêter, l'asme va recherchant la
connoissance du tout, laquelle elle ne peut avoir qu'en
Dieu... De là vient que Hérillus, auditeur de Zénon, a
tenu que la science estoit le suprême Bien. »

Le troisième livre n'est que le commentaire de cette
pensée. Les diverses théories du souverain Bien ne le
satisfont pas. Il n'a pas sur Epicure une notion plus
exacte que ses contemporains (3); il déclare qu'il fait « de
l'homme une brute », « Les stoïques sont plus relevés :
ils n'ont pris toutefois qu'une partie de l'homme, l'appau-
vrissant par leur vanité. » La vie future doit seule nous
préoccuper. Dieu communique sa bonté à toutes les
créatures (4), il est en toutes choses, et la félicité qui
vient des vertus morales nous rend seule semblables à
lui (5).

Les *Epistres morales* montrent à quel point le stoïcisme
était alors dans l'air (6), puisqu'un homme d'éducation et
de tradition catholiques, comme Honoré d'Urfé, dans les
circonstances critiques de sa vie, a plus volontiers recours
à cette doctrine qu'à la Morale de l'Evangile et s'inspire
plutôt de l'antiquité que des Livres Saints.

Il en fut de même pour Descartes, qui, subissant
manifestement la même influence, sans renier la foi de

(1) *Epist.* 7, t. II, p. 303.
(2) T. II, p. 318 sqq., 323.
(3) *Epist.* 3, t. III, p. 420 et 424.
(4) *Epist.* 4, t. III, p. 436.
(5) *Epist.* 10, t. III, p. 537.
(6) R. THAMIN, *Cours inaugural au Collège de France.* (*Revue des Cours et
Conférences,* janvier 1896.)

ses pères (1), n'en professa pas moins au fond cette Morale
païenne.

Il l'a lui-même reconnu expressément. Dans la troisième partie du *Discours*, il parle avec enthousiasme
« de ces philosophes, qui ont pu autrefois se soustraire de l'empire de la fortune, et malgré les douleurs
et la pauvreté, disputer de la félicité avec leur dieux. »
L'allusion était déjà transparente : il l'a soulignée plus tard
dans maintes circonstances (2), d'une façon plus directe
encore s'il est possible. Il envoyait à Elisabeth le *De Vita
beata*, et il lui commentait avec conviction (3) toute cette
doctrine, qui inspire les deux dernières maximes et que
l'on rencontre mot pour mot dans le philosophe latin,
qu'il lui arrive sans doute de critiquer et de corriger,
mais dont il s'approprie, en définitive, les opinions en les
transformant. Si Zénon et Sénèque sont les seuls stoïciens
qu'il cite expressément, plusieurs passages, ainsi que le
remarque M. Brochard (4), autorisent à penser que, comme Pascal, il avait lu Epictète. Ainsi il distingue (5) « les
choses qui dépendent de nous » et « celles qui n'en dépendent pas », il déclare (6) « que l'heur ne dépend que des
choses qui sont hors de nous », que « chacun se peut rendre

(1) Descartes établit une hétérogénéité complète entre les vérités de la foi et
celles de la raison. Mais hétérogénéité ne veut pas dire incompatibilité. V. à
ce sujet *le Christianisme de Descartes* par M. BLONDEL. (*Revue de Métaphysique
et de Morale*, Juillet 1896, p. 551 sqq).

(2) BAILLET, t. II, p. 283. Cf. *Lettre de 1646 de Descartes à Chanut*, dans
laquelle il lui annonce qu'il a pris pour devise cet adage stoïcien : « Illi mors
gravis incubat, qui notus nimis omnibus, ignotus moritur sibi. »

(3) T. IX, p. 210, 215.

(4) *Revue philosophique*, 1880, t. I, p. 548 sqq.

(5) T. IX, p. 210. Cf. le *Manuel*, édit. Igonette, 1823, p. 35. « Il y a des
choses en notre pouvoir et d'autres qui n'y sont pas. »

(6) T. IX, p. 210. Le *Manuel*, XXVI, p. 75 : « Le bonheur ne se trouvant que
dans les choses qui sont en notre pouvoir, celles qui n'y sont pas ne sauraient
le procurer, ni mériter qu'on les envie. »

content de soi-même, sans rien attendre d'ailleurs (1) »; il
insiste aussi sur la nécessité de connaître le vrai, et l'apho-
risme cartésien : « il suffit de bien juger pour bien faire »,
explique au fond la maxime du philosophe grec (2) : « que
ce qui te semblera le meilleur devienne la règle inaltérable
de ta conduite ! »

Le rapprochement, on le voit, s'impose. Ce ne sont pas
des ressemblances lointaines et secondaires, c'est une
relation étroite, une parenté directe. Descartes procède
de Sénèque et d'Epictète : il est bien stoïcien, et, si cette
inspiration ne diminue pas l'originalité du système, elle
est du moins indéniable, et nous avons précédemment
montré comment elle s'allie chez lui à la tendance pyrrhonienne. De ce second élément M. Brochard n'a peut-être
pas suffisamment tenu compte : il ne semble voir dans
Descartes qu'un stoïcien ; il y a pourtant aussi chez lui
un pyrrhonien, et, si l'on rencontre à la vérité dans le
Manuel des conseils de modération et de prudence (3),
c'est, suivant nous, à une autre source que Descartes
les a puisés : par là, il se rattache à la lignée de Montaigne.

Quoi qu'il en soit, son adhésion au stoïcisme, qu'il rejoi-
gnait naturellement et sans effort et qui convenait si bien
à sa philosophie, date au moins de 1628, ainsi que l'établit une lettre de Balzac, sur laquelle nous insisterons
plus loin.

En 1631, il déclare (4) qu'il « devient si philosophe
qu'il méprise la plupart des choses qui sont estimées. »

L'influence du milieu agit sur les plus grands esprits !

---

(1) T. X, p. 210. Le *Manuel*, xxxi, p. 70 : « Il n'est pas au pouvoir des autres
de nous rendre malheureux. »
(2) *Manuel*, lxxv, p. 124.
(3) *Manuel*, lxxii, p. 110, vii, p. 60.
(4) T. VII, p. 199, *Lettre* de Mars 1631, de Descartes à Balzac.

ils ne peuvent complètement s'y soustraire, et elle leur imprime une marque indélébile.

A ces divers points de vue, Descartes est donc le fils de son temps : s'il le surpasse de toute la hauteur de son génie, il y touche pourtant par des affinités certaines : à ce titre, et sans lui contester son originalité, on peut lui trouver des précurseurs. On les rencontre dans deux directions opposées. Des douteurs il prend la prudence et la modération, des stoïciens il reçoit une claire et haute notion du devoir, et de ces deux idées sagement combinées découle une Morale qui lui permet de diriger sa vie, avec la certitude qu'il ne se trompe pas, et avec l'assurance qu'il donne à sa conscience la satisfaction dont il a compris tout de suite l'impérieuse nécessité (1).

(1) Cousin apprécie en ces termes les doctrines morales de Descartes : « Partout la vertu y est mise dans l'empire sur soi-même, le bonheur dans la modération des désirs et dans le développement tempéré et harmonieux de toutes les facultés accordées à l'homme, sous le gouvernement de la raison, et l'œil toujours dirigé vers les lois et la volonté de la divine Providence. » Introduction aux *Œuvres philosophiques* du P. André.

CHAPITRE II

LES MAXIMES DU *Discours de la Méthode* ET BALZAC

———

Balzac (1), pour qui la postérité s'est montrée si indifférente et qui a eu pourtant son heure de célébrité, a été l'un des fidèles amis de Descartes. On sait la place considérable qu'il a tenue dans le mouvement littéraire de ce temps. Du fond de son château, sur la Charente, il est le véritable oracle de l'hôtel de Rambouillet et de l'Académie française. Très lié avec les beaux esprits (2), il fréquente aussi avec les penseurs les plus graves et il incline tantôt vers Montaigne (3), tantôt vers Sénèque, pour professer en définitive une sagesse déjà toute cartésienne.

Il paraît d'ailleurs avoir été directement initié par son illustre ami à l'élaboration de sa pensée. Huit ans avant la publication du *Discours*, il savait les tendances qui inspireraient les *Maximes* : à cet égard, il mérite particulièrement de retenir notre attention.

M. Brunetière (4) soutient que « le *Discours de la Mé-*

---

(1) 1597-1654.
(2) Il connaissait entre autres Sarrazin et Théophile de Viaud qu'il accompagna même en Hollande. SAINTE-BEUVE. *Port-Royal*, t. II, p. 52.
(3) Balzac était lié avec Mlle de Gournay. SAINTE-BEUVE, loc. cit., p. 61.
(4) *Études sur la littérature française*, loc. cit., p. 118.

thode était fait, sinon écrit, en 1628 ». S'il faut en croire Baillet (1), dès 1627 Descartes était en relations suivies avec Balzac. Dans une lettre qui fut écrite vraisemblablement au commencement de 1628 (2), le Philosophe exprime sans réserve son admiration pour l'écrivain : « Quocumque animo legam has Epistolas..., tantopere mihi satisfaciunt, ut non modo nihil inveniam quod debeat reprehendi sed nequidem etiam in rebus tam bonis facile judicem quid præcipue sit laudandum. »

Balzac, qui eut communication de cette élogieuse appréciation, en remercia Descartes sans tarder. Sa réponse est du 30 mars 1628. Il y presse le Philosophe de publier l'ouvrage que tous ses amis attendent, l'*Histoire de son esprit*, et d'après ce qu'il en dit, il paraît connaître déjà la direction et les grandes lignes de la philosophie cartésienne, ce qui, tout en justifiant, soit dit en passant, l'opinion de M. Brunetière, montre bien le degré de leur intimité.

En mars 1631, après lui avoir exprimé ses regrets de ne pouvoir le rencontrer à Paris « à raison de ses occupations (3) », Descartes lui dit : « Je suis devenu si philosophe que je méprise la plupart des choses qui sont ordinairement estimées. » Et quelques semaines plus tard, le 25 avril, Balzac lui déclare en ces termes sa par-

(1) Baillet, t. I, p. 140.

(2) La version française de cette lettre se trouve dans l'édition Cousin, t. VI, p. 189, où elle n'est pas datée et est rapprochée des lettres de Descartes à Balzac en 1631. Cette omission peut être comblée, la réponse de Balzac, qui se trouve reproduite en tête des « trois discours adressés à M. Descartes », dans l'édition du *Socrate Chrestien* de 1657, chez Augustin Courbe, in-12, p. 345, étant datée du 30 mars 1628. Donc la lettre de Descartes est du début de 1628. Il est remarquable que cette lettre si importante de Balzac n'ait pas été insérée dans la grande édition in-folio de ses œuvres complètes (1665), et qu'elle ait également échappé jusqu'ici aux éditeurs de Descartes. C'est pourquoi nous la reproduisons en appendice.

(3) T. VI, p. 199.

faite communauté de sentiments avec lui (1) : « Quand je me représente le Sage des stoïques qui estoit seul libre, seul riche et seul roy (2), je voy bien que vous avez été prédit, il y a longtemps, et que Zénon n'a esté que la figure de M. Descartes :

> Felix qui potuit rerum cognoscere causas
> Atque metus omnes et inexorabile fatum
> Subjecit pedibus.....

Vous êtes cet Heureux, ou il ne se trouve point dans le monde... Je ne suis pas si vain que je prétende devoir estre compagnon de vos travaux, mais je n'en seray pas moins le spectateur, et m'enrichiray assez du reste de la proye et des superfluitez de vostre abondance. »

Balzac a adressé trois Discours à Descartes, intitulés : *le Sophiste chicaneur*, *le Chicaneur convaincu de faux*, et *la Dernière objection du chicaneur réfutée*, qui, dans l'édition in-folio de 1665, forment les *Dissertations chrestiennes et morales* V, VI et VII, et occupent les pages 308-319 du tome II. Dans l'édition in-folio, ces trois Discours ne sont pas datés. Mais dans l'édition du *Socrate chrétien* de 1657, ils sont précédés d'une lettre d'envoi, dont nous avons déjà parlé, et qui est de mars 1628. Les trois Discours sont donc de cette époque, c'est-à-dire antérieurs de huit ans au *Discours de la Méthode*.

La première dissertation a pour titre « le Sophiste chicaneur » (3) ; elle est dédiée *à M. Descartes*. Balzac veut

---

(1) *Œuvres de Balzac*, édition en 2 tomes in-f° de 1665 ; *Lettres*, livre VI, xxxviii : t. I. p. 235.

(2)   Le sage est libre enferré de cent chaînes,
            Il est seul riche et jamais estranger,
            Seul assuré au milieu du danger
            Et le vrai roy des fortunes humaines.
                        (PIBRAC, *Quatrain* XLVIII.)

(3) *Œuvres de Balzac*, édit. 1665, t. II, p. 308.

légitimer sa résolution : « Je ne veux rien croire de plus
véritable que ce que j'ay appris de ma Mère et de ma
Nourrice. » En d'autres termes, il veut retenir constamment la religion dans laquelle Dieu lui a fait la grâce
d'être instruit dès son enfance; et comme il a affaire à un
adversaire « qui dissimule et corrompt son intention »,
pour dissiper d'avance toute équivoque, il a recours à un
exemple : « Si un François ou un Italien avoit dit qu'il
ne veut rien faire que ce que les loix de son pays lui permettent, aurois-je raison de conclure de la sorte: donc
s'il eust été Parthe, il n'eust point fait de difficulté de cou-
cher avec sa mère; s'il eust été Scythe, il n'eust point en
horreur de manger son père?... Manifestement non ; cet
homme raisonne ainsi parce que les loix de son pays sont
justes; autrement il seroit absurde. » De même, quand il
fait profession de ne rien croire de plus véritable que ce
qu'il a appris de sa mère et de sa nourrice, c'est qu'il a
« devant les yeux les oracles d'éternelle vérité que
l'Eglise a prononcez ».

Dans la deuxième dissertation (1), l'auteur se défend
d'avoir dit « que le Sage meurt en la religion de sa mère,
qu'il ne change jamais d'opinion, qu'il ne se repent point
de sa vie passée ». Il n'y a que « ceux aussi qui tenoient
que le sage seul étoit beau encore qu'il eust la taille gastée
et le visage mal faict, qui pouvoient bien, après avoir porté
leur esprit à de si hautes extravagances, descendre à
quelque chose de plus raisonnable, et dire que le Sage
ne se repentoit jamais et qu'il ne changeoit jamais
d'opinion! » En cela, ils étaient conséquents avec eux-
mêmes.

Quant à lui, il n'est pas de « ces déclamateurs », et,
pour convaincre de faux « le Chicaneur » et expliquer plus

---

(1) *Le Chicaneur convaincu de faux, à M. Descartes.* T. II, p. 312.

clairement sa pensée, il invoque l'autorité de ceux qui veulent « expliquer favorablement l'intention de ces Philosophes Déclamateurs et mettre leurs Maximes dans le sens commun ».

Si le Sage, d'après ces philosophes favorables aux stoïciens, ne se repent jamais et ne change jamais d'avis, c'est « qu'il ne fait jamais de résolution absolue, et qu'en tous ses conseils et toutes ses promesses il conclut toujours avec cette tacite exception : si la chose demeure en l'estat où elle doit demeurer et si elle tient le droit chemin. » Et avec une malicieuse ironie, en homme qui a appris à considérer chaque chose « sous son biais », il ajoute : « Si le sujet varie, et s'il devient autre qu'il n'estoit, ne vous estonnez pas aussi : que le Sage le considère d'une façon qu'il ne faisoit pas et qu'il quitte la Constance lorsque la Constance n'est pas bonne. » Après tout, dit-il finement et en raillant encore, « je ne me mesle point des affaires de Zénon ni de celles de Chrysippe... Je demeure dans le Portique, tant que le Portique est raisonnable; mais j'en sors quand il commence à extravaguer ». Descartes n'eût pas dit autre chose.

Dans la troisième dissertation, « la dernière objection du Chicaneur réfutée » (1), après avoir secoué le joug de « Juste Lipse et de Monsieur le Garde des Sceaux du Vair », Balzac combat à nouveau « ces ennemis du sens commun », qui ont soutenu des opinions « quelquefois plus estranges que les plus estranges Fables de la Poésie ». En effet, « selon leurs Principes, non seulement tous les Péchez sont esgaux, mais aussi ils sont inséparables, et ne marchent jamais que de compagnie ». « C'est oster dans la Morale les bornes que la Raison y a mises... Notre Philosophie est moins entreprenante et

(1) *Dissertation VII*, t. II, p. 316

moins ambitieuse. Nous tenons qu'il y a du plus ou du moins en quoy que ce soit. »

L'essentiel, c'est que « notre volonté soit vertueuse » : nos mœurs suivront notre volonté. « Nous devons avoir de bons desseins, s'il n'est pas encore en notre puissance de faire de bonnes œuvres. »

Cette page, qui rappelle Montaigne, aboutit à la Morale provisoire. En sorte que, si Balzac « parle librement de Zénon ou de Chrysippe », il ne parvient pas, lui non plus, à se soustraire à leur influence : il y est ramené par une pente naturelle de son esprit, et c'est là qu'il puise le mépris des injures et de la calomnie. « Si j'estois sensible, dit-il (1), à ces petites piqûres, ce seroit bien inutilement que j'aurois fréquenté le Portique, et qu'Epictète, qui l'a rebasti, m'auroit fait de si belles leçons de patience, dans les commentaires d'Arrien. »

Ne croirait-on pas encore lire une page du *Manuel* ou du *Traité de la Constance*, dans cette dissertation qu'il adresse « à M. Gérard, conseiller du roy et secrétaire de feu Monseigneur le duc d'Epernon (2) » ?

« Ne mettons point la félicité en une place qui est ce matin à nous et qui pourra estre nostre Ennemi cette après-dînée. Ne mesurons point la valeur des hommes par celle des choses, qui sont autour d'eux. Si j'ay de la Vertu, je la conserveray dans les ruines de la Fortune... Il faut enfoncer cette idée dans l'âme des hommes d'aujourd'huy... Il est nécessaire d'avoir en soy le principe de sa grandeur; il faut estre riche de ses propres biens, et ce sont des

---

(1) *Relation à Ménandre*, seconde partie (*Dissertation IX*), t. II, p. 335. Cette relation est au plus tard de 1635, comme en fait foi une lettre au comte de Clermont de Lodève du 30 juin 1635, lettre qui, dans l'édition du *Socrate chrestien* de 1657, précède cette relation, et se trouve insérée dans l'édition in-folio, au t. I, p. 1040.

(2) *De la grandeur de courage et de la force d'esprit dans les disgrâces et dans l'exil* (*Dissertation XXIII*), t. II, p. 406.

biens qui ne se perdent ni par les embrazemens, ni par les naufrages. Ce sont ces parties, qui tiennent à l'âme, que les accidens des choses ne peuvent entamer. » Balzac sans doute n'a pas toujours tenu un si noble langage et il serait aisé de retrouver dans ses écrits des pages où il oublie momentanément cet idéal et se contredit. Ces quelques exemples prouvent du moins qu'il ne s'est pas borné à des sujets frivoles. Au contact de son illustre ami, il a compris ce qu'était la grandeur d'âme et en quoi consistait la vertu, et, s'il n'y est pas toujours resté fidèle, il l'a provisoirement enseignée, et non seulement les dissertations que nous venons de parcourir projettent une vive lueur sur la troisième partie du *Discours*, elles éclairent jusqu'aux intentions de Descartes.

Nous savons ainsi, par un de ceux qui ont pénétré dans son intimité, tout le prix qu'il attachait à l'art de bien vivre et comment, en vivant bien, il réussissait à vivre heureux.

Dans ces quelques pages, Balzac nous paraît avoir, avec la douce ironie du Philosophe, un peu de ce souriant optimisme, qui lui donne l'air de famille des vrais cartésiens.

CHAPITRE III

LA MORALE PROVISOIRE ET PASCAL

En se montrant à la fois pyrrhonien et stoïcien, Descartes subit certainement l'influence de ses contemporains ; très mêlé à la bataille des idées, sa pensée se forme sous l'empire des préoccupations qui agitent son temps, et son œuvre en reçoit le contre-coup.

Ces circonstances extérieures ne sont cependant pas les seules qui agissent sur lui : en leur obéissant, il cède en réalité à deux tendances inhérentes à l'esprit humain. Ainsi s'explique la permanence d'une doctrine qui ne vieillit pas et qui se rattache au passé aussi naturellement qu'elle se relie à l'avenir.

L'entretien de Pascal avec M. de Saci projette sur ces origines une vive lumière, en même temps qu'il oppose, dans une saisissante antithèse, la Morale janséniste et la Morale cartésienne.

On sait dans quelles circonstances il eut lieu, en janvier 1655 (1), au château de Vaumuriers (2), chez le duc de Luynes.

Après un séjour à Port-Royal des Champs, pendant lequel il avait régulièrement suivi le train ordinaire de la

---

(1) C'est Fontaine, le secrétaire de M. de Saci, qui a écrit le récit de cet entretien.

(2) Ce château existe encore : il est voisin de Port-Royal.

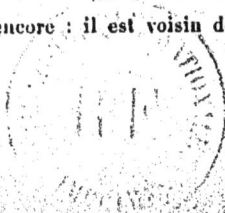

maison, se levant, comme les Messieurs, à cinq heures du matin, assistant aux offices, vivant de privations et de jeûnes (1), Pascal est sollicité de jeter un regard sur le premier versant de sa vie. C'est la Foi qui demande des comptes à la Raison.

Son interlocuteur, M. de Saci, était un de ces Jansénistes austères dont l'enfance, déjà sérieuse et grave, s'était écoulée loin du monde, « dans la lecture de l'Écriture et des Saints Pères, dans laquelle il se renfermait pour s'en remplir le cœur (2) ».

Son auteur de prédilection était saint Augustin. Prêtre à trente-cinq ans, il avait retardé encore le moment de dire sa première messe; « il était si pénétré de la crainte chaste de Dieu et du respect de sa grandeur infinie, qu'il était comme dans un continuel tremblement en sa présence. » Ce saint homme avait pour la philosophie une sorte de dédain. Il dit un jour à Fontaine, son secrétaire, que « Monsieur Descartes était à l'égard d'Aristote comme un voleur, qui venait tuer un autre voleur et lui enlever ses dépouilles (3) ».

Suivant sa coutume « de proportionner ses entretiens à ceux à qui il parlait (4) », il crut devoir mettre le Philosophe « sur son fond » ; la conversation vint naturellement « sur les livres dont il s'occupait le plus », Épictète et Montaigne.

Pascal commence par déclarer (5) qu'Épictète « est un

---

(1) « Pascal, cartésien en 1648, ne l'était plus dix ans plus tard et les raisons pour lesquelles il ne l'était plus, on pourrait dire que ce sont celles qui, en le rendant chrétien, l'ont fait en même temps Janséniste. » BRUNETIÈRE, loc. cit., p. 142.

(2) *Opuscules philosophiques* de PASCAL, édit. Adam, p. 34.

(3) Il est curieux de rapprocher du jugement de M. de Saci celui de Voltaire : « Descartes, dit ce dernier, ne substitue qu'un chaos au chaos d'Aristote. » *Dictionnaire philosophique*, art. *Cartésianisme*.

(4) Loc. cit., p. 39.

(5) Loc. cit., p. 39.

des philosophes du monde, qui a mieux connu les devoirs
de l'homme » : il enseigne l'obéissance à Dieu et la résignation à sa volonté souveraine. Il mériterait « d'être
adoré s'il avait aussi bien connu son impuissance (1) ».
Malheureusement, s'il a vu ce qu'on doit faire, « il se
perd dans la présomption de ce que l'on peut ».

Il a eu le tort de conclure, comme fera Kant, du devoir
au pouvoir. Ce sont des principes d'une « superbe diabo-
lique », et Pascal s'en éloigne avec horreur comme d'une
impiété : pour lui, l'homme ne peut pas, avec ses seules
forces, remplir toutes ses obligations. C'est folie de le
prétendre. Il lui faut un secours d'en haut, il lui faut la
grâce.

Quant à Montaigne (2), « comme il a voulu chercher
quelle morale la raison devrait dicter sans la lumière de
la foi, il a pris ses principes dans cette supposition, et
ainsi, en considérant l'homme destitué de toute révélation,
il discourt en cette sorte... » Ne voyant que doute et misère,
il conseille de s'en rapporter à la coutume et au plaisir.
Il conclut du pouvoir au devoir et il méconnaît la haute
destinée de l'âme humaine. C'est un pur pyrrhonien,
« qui ne sait où asseoir sa créance » : il se moque de toutes les assurances et « juge à l'aventure ». Avec une
complaisance marquée, qui montre comment « s'accordent
toujours contre la raison, quand elle dogmatise, le scepticisme pour la railler au nom de la science, le mysticisme
pour l'humilier au pied de la croix (3) », Pascal énumère
tous les doutes et toutes les incertitudes : il montre Montaigne combattant dans l'*Apologie de Raimond de Sébond*

(1) Loc. cit., p. 41.
(2) Loc. cit., p. 43. V. également sur Montaigne : *Pensées de Pascal*, articles
xx, xxv, xxviii et xix. Tout Port-Royal fut hostile à Montaigne. Cf. *Logique
de Port-Royal*, III⁰ partie, art. xx, sect. 4.
(3) Loc. cit., p. 34.

par le doute universel les hérétiques de son temps; il prend un plaisir extrême à abaisser « la superbe raison, si invinciblement froissée par ses propres armes (1) », et il finit par se trouver en complet accord avec M. de Saci, qui l'avait un instant interrompu pour le mettre en garde « contre l'ivresse de la science », en lui rappelant l'exemple de saint Augustin (2). Mais il tient à dire jusqu'où il veut bien suivre l'auteur des *Essais*, et à quel moment il l'abandonne. S'il consent à humilier la raison, c'est pour préparer les voies à la religion; car il ne veut pas contempler le monde en épicurien indolent.

Pas plus que Malebranche (3), il n'admet cette vertu « plaisante, enjouée et pour ainsi dire folâtre », et, s'il appelle Epictète et Montaigne « les deux plus illustres défenseurs des deux plus célèbres sectes du monde », c'est pour montrer, dans une saisissante conclusion, le vice des deux systèmes : l'un qui croit mener à la certitude, l'autre qui croit mener au doute, conduisant tous les deux, quoique d'une façon différente, à l'erreur.

On ne saurait, en les alliant, en former « une morale parfaite »; ils se brisent et s'anéantissent l'un l'autre pour faire place à la vérité de l'Evangile. L'Evangile opère ainsi ce que les sages du monde sont impuissants à faire : il élève l'homme plus haut que ne pouvait faire Epictète et, en même temps, il l'abaisse et l'humilie bien plus que ne faisait Montaigne. Et « insensiblement emporté de la philosophie dans la théologie », Pascal s'écrie dans un vrai transport d'allégresse (4) : « Ainsi tous y trouvent

(1) Loc. cit., p. 54.

(2) Loc. cit., p. 52.

(3) « Attirer les enfants par des récompenses sensibles, ce serait, dit Malebranche, corrompre toutes les meilleurs actions et les porter plutôt à la sensibilité qu'à la vertu. » *Recherche de la Vérité*, l. II, cviii, fin.

(4) Loc. cit., p. 62.

(dans l'Évangile) plus qu'ils n'ont désiré, et, ce qui est admirable, ils s'y trouvent unis, eux qui ne pouvaient s'allier dans un degré infiniment inférieur ! »

En entendant un tel langage, « Monsieur de Saci ne put s'empêcher de témoigner à Monsieur Pascal, qu'il était surpris de voir comment il savait tourner les choses » ; il lui confia pourtant les dangers que de semblables lectures pourraient, à son avis, présenter « pour beaucoup de gens dont l'esprit se traînerait un peu et n'aurait pas assez d'élévation pour lire ces auteurs et en juger, et savoir tirer les perles du milieu du fumier... (1) »

Dans une répartie très brève, Pascal répond à l'objection (2). « Je trouve dans Épictète, dit-il, un art incomparable pour troubler le repos de ceux qui le cherchent dans les choses extérieures » ; et Montaigne est « incomparable pour confondre l'orgueil de ceux qui hors la foi se piquent d'une véritable justice (3) ». Il est absolument pernicieux à ceux qui ont « quelque pente à l'impiété et aux vices (4) ». L'un mène à l'orgueil, l'autre à la paresse : tous deux doivent donc être réglés avec beaucoup de soin. Il semble pourtant qu'en les joignant ensemble ils ne pourraient réussir fort mal, non qu'ils puissent donner la vertu, mais seulement troubler dans les vices.

Ces pages d'une si austère éloquence renferment le jugement le plus profond peut-être qui ait été porté sur la Morale cartésienne. D'abord ses origines y sont clairement indiquées, et ce témoignage confirme nos investigations historiques : Épictète et Montaigne étaient bien alors les livres les plus lus ; c'étaient ceux dont Pascal « s'occu-

(1) *Loc. cit.*, p. 62.
(2) *Loc. cit.*, p. 63.
(3) *Loc. cit.*, p. 64.
(4) *Loc. cit.*, p. 65.

pait le plus ». Si l'on songe qu'il en avait été de même pour Descartes, on est autorisé à dire que le *Manuel* et les *Essais* (1) ont puissamment agi sur la conscience morale de cette époque.

Mais Pascal ne se borne pas à cette constatation, et son regard s'étendant au delà, il n'hésite pas à voir dans ces philosophies deux principes éternellement opposés.

Épictète et Montaigne sont pour lui des chefs de file, derrière lesquels viennent se ranger, suivant leurs affinités propres, comme en de véritables familles, ceux qui croient à la nécessité d'un relèvement, ou ceux qui, s'accommodant des circonstances, s'abandonnent mollement aux caprices de la fortune.

Ces tendances naturelles exercent sur les penseurs des influences contraires, et leur originalité apparaît précisément dans l'attitude qu'ils observent en face de ce nouveau dualisme. C'est par là que se distinguent Descartes et Pascal.

Descartes s'efforce pour sa part de concilier ces deux tendances, et c'est d'un stoïcisme sagement mitigé que provisoirement il se contente, de même qu'il optait pour un intellectualisme décidé, qui n'excluait cependant pas encore la liberté.

Pascal au contraire estime toute conciliation impossible, il ne la tente même pas. La nature humaine a, à ses yeux comme aux yeux des stoïciens, quelque chose de divin, d'infini : mais, en même temps, elle lui apparaît radicalement impuissante à atteindre le vrai, le bien, le juste. Entre ce principe de grandeur et ce principe de misère, il

---

(1) « L'école vraiment originale qui caractérise la France au xvie siècle, c'est l'école de Montaigne. » RENOUVIER. *Manuel de Philosophie moderne*, 1842, page 39.

existe une antinomie que la philosophie ne peut résoudre : seul le christianisme en est capable, en nous offrant l'exemple de Jésus-Christ, qui a réalisé en lui l'union parfaite de la nature divine et de la nature humaine, de l'infini et du fini.

Ainsi, tandis que Descartes conclut à un approfondissement de l'intellectualisme, Pascal conclut à un renoncement de la philosophie au bénéfice de la foi, qui seule peut résoudre les contradictions de l'âme humaine. Telle est l'idée maîtresse qui se dégage de cet entretien si religieux et si philosophique tout à la fois. Nulle part on ne mesure mieux l'abîme qui sépare les deux systèmes, en même temps que l'on y voit bien par quelles racines profondes l'épicurisme et le stoïcisme tiennent à l'âme humaine. Quand Pascal brise avec la ferveur du néophyte ses anciennes idoles, pour exalter d'autant le Dieu nouveau qu'il adore, il semble leur rendre encore un dernier hommage (1).

• On en peut conclure que le stoïcisme a été pour lui, comme pour tant de grands esprits (2), sa Morale d'attente. Pas plus que saint François de Sales, et tout en montrant comme lui la supériorité « de la seule vraie religion (3) », il n'arrive à se soustraire à « cette philosophie du bon

---

(1) M. ADAM a pu justement écrire que Pascal s'était converti lui-même par ses propres réflexions. Pascal ne dit-il pas que c'est en s'attachant aux principes de ces deux penseurs (Epictète et Montaigne), qu'il avait fini par aboutir au même terme que son pieux interlocuteur, qui y était arrivé, lui, « par la claire vue du Christianisme! » *Loc. cit.*, p. 39 et 63.

(2) La Morale stoïcienne n'aurait-elle pas été aussi la Morale provisoire de saint Augustin ? Un passage des *Confessions* permet de le supposer. Parlant de l'*Hortensius* de Cicéron, il s'exprime ainsi : « Sed liber ille ipsius exhortationem continet ad philosophiam, et vocatur *Hortensius*. Ille vero liber mutavit affectum meum; et ad teipsum, Domine, mutavit preces meas et vota ac desideria mea fecit alia. » S. AUGUSTIN, *Confess.*, lib. III, c. IV.

(3) *De l'Amour de Dieu*, l. I, ch. III; l. II, ch. XVIII; l. IX, ch. II.

Épictète (1) », qui demeure vraiment une des deux routes que l'esprit humain, réduit à lui-même, semble obligé de suivre. C'est d'elle que sort la Morale cartésienne, et c'est par elle qu'elle rentre dans le mouvement général des idées au XVIIᵉ siècle.

(1) La cinquième méditation du premier livre de l'*Introduction à la Vie Dévote*, consacrée à la mort, offre de curieux rapprochements avec le *Manuel*. V. encore ch. XXII du livre II du même ouvrage, et les pages 1020 et 1029 de la *Sainte Philosophie* de DU VAIR, dont on peut consulter également les chapitres XII et XIII de la troisième partie sur la Chasteté, XXXVIII et XXXIX sur le Mariage, et les pages 1030 à 1033.

CHAPITRE IV

LA MORALE ÉPICURIENNE. — GASSENDI. — LA MOTHE LE VAYER ET SAINT-ÉVREMOND

L'histoire confirme l'opinion de Pascal : pendant toute la durée du XVIIe siècle, en face de l'école stoïcienne se dresse une école épicurienne ou pyrrhonienne, car les deux mots, détournés de leur sens, sont alors, nous l'avons déjà noté, employés l'un pour l'autre, avec cette signification que le scepticisme dont il s'agit s'allie avec une certaine Morale facile : il désigne, en réalité, cette philosophie composite que personnifie si exactement Montaigne.

Cette Morale a eu à cette époque d'illustres représentants. Il est intéressant de voir comment ils ont, à leur tour, ressenti l'influence contraire. Nous allons retrouver aux prises ces deux principes qui ont si largement contribué à la formation de la Morale cartésienne, et cette vue rapide sur l'histoire achèvera d'en montrer la puissante originalité (1).

(1) L'histoire du cartésianisme ne saurait rentrer dans le cadre de ce travail. Nous limitons à l'avance le champ de nos investigations à la France. Il ne sera donc point ici question de Spinoza, dont la Morale est pourtant, suivant la remarque de M. Renouvier, déduite de quelques-uns des principes de Descartes, mais isolés et portés à l'absolu. RENOUVIER, *Manuel de Philosophie moderne*, p. 256. V. également sur les Morales de Descartes et de Spinoza, Victor DELBOS, *Le problème moral dans la Philosophie de Spinoza*, et l'article de M. V. BROCHARD sur le *Traité des Passions* de Descartes et l'*Éthique* de Spinoza, *Revue de Métaphysique*, Juillet 1896, p. 512 sqq.

Ce chapitre sera réservé aux épicuriens proprement dits, c'est-à-dire à ceux qui sont, en quelque sorte, placés aux antipodes du stoïcisme.

Parmi eux nous interrogerons Gassendi d'abord, le véritable restaurateur de cette philosophie, puis La Mothe le Vayer, auquel Voltaire fait une place dans son catalogue des auteurs du grand siècle et qui paraît avoir été le plus attitré continuateur de Charron et de Montaigne, et enfin Saint-Evremond, dont la physionomie se détache en traits si vifs et si saillants parmi les penseurs de ce groupe. Nous avons vu comment le pyrrhonisme a agi sur les néo-stoïciens, nous constaterons comment le stoïcisme a, de son côté, influé sur les pyrrhoniens.

Nous nous réservons d'examiner dans un autre chapitre l'attitude des moralistes chrétiens en présence de ces deux tendances. Malebranche, tout comme Pascal, essaie de se soustraire à l'une et à l'autre, tandis que le P. Ameline met comme un point d'honneur à établir la parfaite orthodoxie des maximes cartésiennes en rapprochant Sénèque de saint Augustin et des Pères de l'Eglise.

Gassendi (1) est, de tous les philosophes de ce siècle, celui qui a le mieux connu Epicure et qui l'a le mieux fait connaître.

Il fut conduit vers lui par une sympathie secrète, en étudiant l'antiquité, et non par hostilité contre des idées dont, plus que personne, il appréciait la grandeur. Ne recommandait-il pas pendant les troubles de la Fronde au prince Louis de Valois la lecture du *Traité de la Constance* ?

Son œuvre est donc avant tout une œuvre de sincérité et d'honnêteté : elle n'en a que plus de valeur et de por-

---

(1) GASSENDI, 1592-1655,

tée. Il y a travaillé sans relâche, avec une ténacité qui ne s'est jamais démentie, et toute sa correspondance témoigne de cette lente et consciencieuse élaboration.

C'est en 1628 (1) qu'il lut l'éloge d'Epicure et qu'il conçut le projet de le réhabiliter. En 1642 (2), il détruit, avant Descartes, la fausse légende, et prouve, en s'appuyant sur de sérieuses autorités, que les mœurs d'Epicure furent irréprochables et que l'épithète de voluptueux ne saurait sans injustice lui être appliquée.

Cinq ans plus tard (1647), il publie à Lyon son *De vita, moribus et doctrina Epicuri*, et, en 1649, il donne son *Syntagma philosophicum* (3), qui contient « sa philosophie propre », ainsi que le déclare l'un de ses fidèles disciples (4). Cet ouvrage est divisé en trois parties : la Logique, la Physique et la Morale. Mais, entre ces deux dernières, il existe, selon Gassendi, un lien si étroit qu'elles sont inséparables. La Physique cherche la vérité en toutes choses, la Morale tend à faire pénétrer l'honnêteté dans les mœurs, et « les deux ensemble constituent la sagesse accomplie, ou, selon l'expression qui est dans toutes les bouches, la vertu, cette souveraine perfection de l'âme, qui en dispose les deux facultés, l'intelligence et la volonté, de telle manière que l'intelligence atteigne autant que possible la vérité et que la volonté tende par une route inflexible vers l'honnêteté. (5) »

(1) *Lettre à Peiresc* d'avril 1628. *Omnia opera*, édit. de Lyon, 1667, 6 vol. in-folio; t. VI, p. 11.

(2) T. VI, p. 127 sqq.; plusieurs lettres à Valesius où il s'élève contre la légende d'Epicure (1642).

(3) *Omnia opera*, t. I et II.

(4) BERNIER, *Abrégé de la Philosophie de Gassendi*, i vol. in-12, 1684, Préface.

(5) *Synt. Phil.*, *liber proœmialis*, t. I, cap. I, p. 1. « Ex utraque autem consurgit consommata Sapientia, seu, quæ in ore est omnium, Virtus, summa nempe animi perfectio, qua duæ ejus partes, intellectus seu mens, et voluntas seu appetitus, ut intellectus ad Veritatem, quantum quidem fas est, collineet, voluntas vero ad Honestatem tramite indeflexo tendat. »

Gassendi reconnaît ainsi que l'intelligence et la volonté ont un rôle dans l'acte moral, et ce rôle est singulièrement identique à celui que leur assigne Descartes.

La Morale est la science ou l'art de bien faire et d'agir d'après la vertu, *scientia seu mavis ars bene et ex virtute agendi* (1); elle se préoccupe d'assurer le bonheur, qui est le but de la vie. Ce bonheur toutefois ne peut être atteint que par la vertu, « *cum eatenus solum possit homo felix censeri, quatenus probe moratus sit* (2) »; il est, bien entendu, purement humain et relatif : c'est l'état où l'on se trouve aussi bien que possible avec le moins de maux possible (3).

Pour légitimer ces propositions essentielles, Gassendi invoque Epicure, dont il s'approprie la doctrine en la présentant sous la forme la plus séduisante et la plus élevée. S'il répète, à son exemple, que la félicité consiste dans l'indolence du corps et la tranquillité de l'esprit, il a soin de remarquer que, d'après ce philosophe, les causes efficientes de cette félicité sont une raison qui étant saine, droite et éclairée, et accompagnée des vertus dont elle est inséparable, considère et énumère les mobiles et les motifs qui portent à faire ou à éviter quelque chose (4). Il proclame de même la supériorité des plaisirs de l'esprit sur ceux du corps (5), et, pour lui, les moyens propres à nous délivrer des fausses opinions, causes de tant d'erreurs et de tant de maux, se ramènent aux cinq

---

(1) *Synt. phil., pars III, præfatio*, t. II, p 659.

(2) *Ibidem*, p. 660.

(3) « Ideo videtur posse duntaxat felicitatis nomine talis status intelligi, in quo, quamtum licet, quam optime sit ; seu, in quo bonorum necessariorum quam plurimum, malorum quorumvis quam minimum adsit. » *Synth. phil. Ethica.* lib. I, c. 1.

(4) « Efficientes illius causas edixit,.. una cum virtutibus (a quibus insepa-rabilis est), rationem sanam, quæ et speculatur et perspicit causas cur quidque eligendum fugiendumve sit » *Ethica*. lib. I. c. 1: t. II. p. 664.

(5) *Ibidem*, p. 683.

suivants : méditer sur la nature de Dieu et sur la mort,
n'espérer ni trop ni trop peu, savoir profiter du présent,
faire l'apprentissage de la sagesse.

Lorsqu'on se fait une idée exacte de Dieu, écrit-il (1),
on est aussitôt enflammé d'amour pour ses perfections :
on s'applique si ardemment à lui plaire qu'on s'attache
uniquement à la vertu, et on a une si grande confiance de
le trouver propice qu'il n'y a pas de vrai bien qu'on
n'espère recevoir de lui ; et l'on passe ainsi la vie,
quelle qu'elle soit, le plus paisiblement et le plus heureusement possible.

Il en arrive à conclure (2) qu'Epicure ne veut rien autre
chose que ce que veulent les stoïciens eux-mêmes, lorsqu'ils soutiennent que la vertu suffit pour bien et heureusement vivre, et, dans son exposition du système du philosophe ancien, il note à nouveau (3) que la vertu est
inséparable de la félicité, parce qu'elle seule en est la
cause vraie, légitime et nécessaire.

Ces quelques extraits suffisent, ce semble, à éclairer la
pensée de Gassendi. Ils rappellent la lettre à Elisabeth
dans laquelle Descartes s'efforçait de concilier Zénon et
Epicure, et l'on comprend la juste remarque de M. Perrens (4), disant que Guy Patin n'a pas eu tort de tenir
Gassendi pour « un épicurien modéré ». Il est impossible

---

(1) « Jure quidem videtur auspicari ab ea, quae de Deo est habenda notitia,
quoniam qui de Deo recte sentit, is simul ejus amore singulari accenditur et sic
placere isti studet, ut honestatem unice colat, et ita confidit se ipsum habere pro-
pitium, ut nihil boni ab eo non sperans, quidquid vitae est, pacatissime jucun-
dissimeque traducat. » *Eth.*, lib. I, c. 1; t. II, p. 664.

(2) « Ac ipse Epicurus proinde aliud nihil velit quam quod ipsimet Stoïci, dum
virtutem sufficere ad bene beateque vivendum contendunt. » *Eth.*, lib. I, c. 11;
t. II, p. 690.

(3) « Addo hic solum, cum voluptas, qua de hoc loco agitur, ea intelligatur,
quae vera germanaque sit et in quo ratio summi boni felicitasque ipsa consis-
tat. » *Ibidem*, p. 693.

(4) *Les libertins en France au XVII° siècle*, p. 135.

d'allier avec plus d'élévation et de tact le plaisir et le
devoir, et l'on peut presque se demander si cet épicurien
convaincu n'est pas en réalité un aimable stoïcien, un
stoïcien à la française, jugeant humainement, sévère pour
lui, indulgent pour les autres, et pratiquant, en définitive,
résolument mais gaiement la vertu.

C'est ainsi qu'en suivant des traditions différentes,
Gassendi aboutit presque aux mêmes conclusions que
Descartes. Il a peut-être été le plus pressant et le plus
habile de ses contradicteurs. Baillet nous a retracé les
épisodes de cette longue lutte. Il est curieux de constater
qu'aucune de ses objections ne porte sur la troisième partie du *Discours*. Le stoïcisme chrétien du philosophe
trouva grâce devant l'épicurisme élevé du prêtre (1). Au
plus fort de la bataille, Descartes, de son côté, rendait
loyalement hommage « à l'intégrité de mœurs et à la can-
deur d'esprit de son adversaire ».

La Morale reste ainsi le trait commun qui les unit, tant
est vrai ce mot profond de Renan (2), qu'au milieu de nos
contradictions, elle demeure « la chose sérieuse et vraie
par excellence ».

Telle est encore l'impression que laissent dans l'esprit
les ouvrages d'un autre philosophe, un peu oublié aujour-
d'hui, et qui a tenu cependant une place éminente dans la
lignée de Montaigne.

Comme son maître, La Mothe le Vayer (3) a certainement
été un sceptique ; comme lui, il a professé le plus aimable
et le plus indulgent épicurisme ; mais, comme lui encore,

---

(1) « Epicurien et chrétien tout ensemble ! écrit M. PERRENS en parlant de Gassendi, quelle force devait avoir cette cloison étanche qui protégeait sa conscience,
sa liberté, sa vie ! » *Loc. cit.*, p. 133.

(2) *Essais de morale et de critique.* Préface.

(3) 1588-1672.

il a cru dans le devoir, et il semble avoir provisoirement trouvé un refuge dans le stoïcisme.

Mlle de Gournay lui avait légué sa bibliothèque, et il vécut constamment attaché à une tradition qui semble lui avoir assuré une existence calme et heureuse.

Fils d'un magistrat lettré (son père était substitut du procureur général au Parlement de Paris), il s'adonna tout entier à la philosophie et à l'histoire. Dès 1639 il était membre de l'Académie. Il a laissé de nombreux ouvrages (1). Deux surtout attirent notre attention.

La Vertu des Païens parut en 1642. Dès les premières lignes (2) se manifeste le libre esprit de l'auteur : « Il n'est pas impossible..., dit-il, qu'un infidèle puisse exercer quelques vertus. »

Il professe donc une Morale absolument indépendante sans être irréligieuse. La dédicace au cardinal de Richelieu sauve seule les apparences et assure la parfaite orthodoxie de ses sentiments.

Ce livre contient un examen très complet des différentes philosophies depuis Socrate, Platon et Aristote, jusqu'à Sénèque et Julien l'Apostat, en passant par Zénon, Epicure et Pyrrhon. Il dit de Zénon que « de toutes les sectes, la sienne sans doute a été la plus austère » et « a le plus de convenance avec le Christianisme (3) ». Il fait justice de la fausse légende attachée au nom d'Epicure (4). Mais l'idée vraiment originale qui se dégage de cette étude consciencieuse et impartiale de l'antiquité, c'est la sécularisation de la Morale.

Ses opinions personnelles se sont surtout précisées

(1) *Œuvres de François de La Mothe Le Vayer*. Nouvelle édition, revue et augmentée. A Dresde, 1768, 14 parties en 7 tomes.

(2) *La Vertu des Païens*, p. 4.

(3) T. V, part. I, p. 204.

(4) *Ibidem*, p. 264.

dans ses *Petits traités en forme de lettres écrites à diverses personnes studieuses*, qu'il dédia, en 1659, au premier Président Molé. C'est là qu'il se révèle le digne fils de Montaigne, inclinant au fond vers la doctrine facile et commode des *Essais*, mais revenant parfois cependant vers une philosophie plus grave et plus austère.

Il distingue (1) « trois degrés différens de connoissance qui se trouvent parmi les hommes d'études ».

Il y a d'abord ceux qui, faute de travail, « ne savent pas quand ils savent autant qu'on peut humainement savoir, *nesciunt se scire*, comme Aristote le dit de ceux qui manquent de logique... Je mets au second étage tous ces superbes dogmatiques, qui croient savoir en perfection tout ce qu'ils savent ; qui font profession de ne rien ignorer ; et qui soutiennent toutes leurs opinions comme s'il n'y en avoit point de meilleures... Le troisième degré, qui se trouve beaucoup au-dessus des deux autres, est de ceux qui, par une longue étude et par une profonde connoissance des choses, sont parvenus jusqu'au plus haut point de la science humaine dont ils ont reconnu la foiblesse et les doutes, *sciunt se nescire,* ils avouent là-dessus ingénûment leur ignorance et font profession d'une philosophie sceptique, qui n'a rien de ce que l'Apôtre condamnoit en celle des séducteurs de son temps. (2) »

La Mothe le Vayer recommande ensuite par-dessus tout la prudence, « cette vertu qui nous ouvre l'entrée à toutes les autres (3) ». Il reproduit même à ce propos le précepte de Sénèque, dont Descartes avait fait sa devise : « bene vixit qui bene latuit » (4).

(1) T. VI, part. I, p. 13.
(2) *Ibidem.*
(3) *Lettre II,* loc. cit., p. 20.
(4) *Loc. cit.,* p. 19.

La lettre XVI (1) accuse une tendance très intellectualiste. Après avoir blâmé la curiosité, il déclare que l'envie
de savoir est si naturelle « qu'il y auroit trop d'injustice de
la condamner absolument, et de faire un vice de ce qui
sert de fondement aux vertus intellectuelles, la science,
la sagesse et l'intelligence », qu'il n'y a « rien de plus propre à l'homme ni de plus digne de lui », et « qu'il n'est
placé au milieu de la nature, que pour s'informer de ce
qui s'y passe. »

L'auteur n'y a pas manqué. Il n'a très certainement rien
négligé pour « voir clair en ses actions », et il aperçoit si
bien le pour et le contre que, tour à tour, au gré de sa
fantaisie, il prend plaisir « selon les loix de la sceptique (2) », à opposer les réflexions contraires aux réflexions
qu'il avait précédemment indiquées. C'est ainsi que dans
les lettres VI et VII, il traite successivement de l'utilité et
de l'inutilité des voyages. Cette attitude déconcerte et
montre l'ingéniosité et la souplesse de ce sceptique déterminé. Fort heureusement il n'en va pas toujours ainsi, et
les épîtres qu'il a placées sous le souvenir de Sénèque (3)
contiennent des conseils plus sûrs. Il a écrit, sur l'examen
de conscience des Pythagoriciens (4), une page d'une rare
élévation. Il ne croit pas « qu'il y ait un moïen plus
assuré, pour discerner le progrès que nous faisons
dans le chemin de la vertu, nos avances vers la sagesse,
et de combien de degrés nous pouvons être distans du
pôle de notre félicité, que de se consulter soi-même...,
n'y aiant que la probité seule qui donne la tranquillité
d'esprit. » Il a plus d'une fois insisté sur la nécessité
de faire le bien pour le bien, « par raison » et non par

(1) *Loc. cit.*, p. 150 sqq.
(2) *Loc. cit.*, p. 68.
(3) *Loc. cit.*, p. 9.
(4) *Lettre LV*, loc. cit., p. 519.

crainte, et ainsi il s'arrête avec quelque complaisance à ces idées stoïciennes qui ont servi de refuge à tant de libres esprits.

Si Gassendi est le représentant le plus autorisé de l'épicurisme au xviie siècle, Saint-Evremond (1) est bien son disciple le plus convaincu. Il n'a pas seulement prêché la doctrine du maître, il l'a pratiquée. On ne le voit jamais se raidir contre la fortune et affecter la constance à supporter ses coups.

Né en 1613, au moment où Descartes achevait ses études au collège de la Flèche, ce grand seigneur de lettres traverse le siècle au milieu d'une orageuse existence, dont la moitié se passe en exil, sans avoir jamais d'autre but que de poursuivre ce qu'il appelle lui-même (2) « la volupté spirituelle du bon Epicure, j'entends cette agréable indolence, qui n'est pas un état sans douleur et sans plaisir, mais le sentiment délicat d'une joie pure, qui vient du repos de la conscience et de la tranquillité de l'esprit. » Il vécut ainsi, au dire de Saint-Simon, en philosophe, et mourut de même, après s'être fait le propagateur de ce scepticisme épicurien, qui fut si en faveur dans la société française sous la régence d'Anne d'Autriche, et qu'il transporta en Angleterre à la cour élégante de Charles II.

N'a t-il pas écrit (3) :

> J'ai vu le temps de la bonne régence,
> Temps où régnoit une heureuse abondance,

(1) 1613-1703.
(2) *OEuvres mêlées de Saint-Evremond*, Edit. de Ch. Giraud, Paris, Techener, 1865, T. I, p. clv.
(3) *Loc. cit.*, t. II, p. 539, *Stances à Ninon de Lenclos*, 1674.

Temps où la Ville aussi bien que la Cour
Ne respiroient que les jeux et l'Amour.
. . . .
Les vices délicats se nommoient des plaisirs.

Sa philosophie consiste en un sensualisme mesuré et
aboutit aux conclusions indulgentes d'un scepticisme
aimable et de bon goût, qu'il revèt des formes les plus
élégantes de la langue.

On l'a justement comparé à Montaigne (1). Il procède
directement de lui : c'est à son école qu'il a de bonne
heure formé sa raison. « Les *Essais*, dit-il, se sont établi
comme un droit de me plaire toute ma vie. (2) »

Il les avait trouvés dans le manoir de son père, au retour
du collège, et ils décidèrent de son avenir.

Ses méditations sur les grands penseurs de l'antiquité
l'avaient insensiblement désabusé (3), quand il eut en 1639
la curiosité de voir Gassendi, « le plus éclairé des philosophes et le moins présomptueux », celui auquel Bayle at-
tribue l'honneur d'avoir fait connaître à ses contemporains
des sources de doctrine pyrrhonienne auparavant igno-
rées. Il prend dès lors place parmi les néo-épicuriens : il
est « le représentant du libertinage distingué (4) ». Nulle
grossièreté, nulle licence ne peut trouver place dans le
bonheur qu'il recherche ; rien de contraint, pas trop de
liberté, voilà sa devise, et il ne manquera jamais aux bien-
séances. Aussi en veut-il à Descartes, parce que, gentilhomme comme lui et comme lui élevé par les Jésuites, il

---

(1) GIDEL, *Etude sur la vie et les ouvrages de Saint-Evremond*, Paris, 1866,
p. 89.

(2) Edit. Giraud, t. I, p. 99.

(3) T. I, p. 59.

(4) PERRENS, *loc. cit.*, p. 215. Le centre de ralliement pour les libertins était
alors le salon de Ninon de Lenclos.

s'est insurgé contre eux et la scolastique pour fonder une philosophie toute laïque.

« Qu'a fait Descartes par sa démonstration prétendue d'une substance purement spirituelle, d'une substance qui doit penser éternellement ? Qu'a-t-il fait par des spéculations si épurées ? Il a fait croire que la religion ne le persuadoit pas, sans pouvoir persuader ni lui ni les autres par ses raisons. (1) »

« Je voudrois, écrivait-il une autre fois, n'avoir jamais lu les *Méditations* de M. Descartes. L'estime où est parmi nous cet excellent homme m'auroit laissé quelque créance de la démonstration qu'il nous promet, mais il m'a paru plus de vanité, dans l'assurance qu'il en donne, que de solidité, dans les preuves qu'il en apporte. »

Il nous a laissé de lui-même un portrait fort ressemblant (2) : « C'est un philosophe également éloigné du superstitieux et de l'impie ; un voluptueux, qui n'a pas moins d'aversion pour la débauche, que d'inclination pour les plaisirs ; un homme qui n'a jamais senti la nécessité, qui n'a jamais connu l'abondance. Il vit dans une condition méprisée de ceux qui ont tout, enviée de ceux qui n'ont rien, goûtée de ceux qui font consister leur bonheur dans leur raison... »

Tel fut son idéal, et l'on a pu justement dire qu'il fut le plus commode des moralistes, celui dont les conseils sont les plus faciles à suivre.

Sur une chose pourtant il n'a jamais transigé. A l'exemple de Montaigne et d'Epicure, il a eu toute sa vie le culte de l'amitié.

Il dit de ce dernier (3) : « J'ai toujours admiré sa morale et je n'estime rien tant de sa morale que la préférence

(1) T. I, p. 18.
(2) T. I, p. CLXIII.
(3) T. I, p. 144. *A la duchesse Mazarin,* 1676.

qu'il donne à l'amitié sur toutes les vertus », et il répète
au maréchal de Créqui (1) : « De tous les biens, celui de
l'amitié est le seul qui me soit doux. »

Pour le reste, il est à la vérité plus accommodant, et il
estime que « la sagesse nous a été donnée principalement
pour ménager nos plaisirs (2) ». Le mot de vertu l'épou-
vante. Il se représente « un fantôme à effrayer les gens,
sur un rocher à l'écart, parmi les ronces ». On croirait
entendre Montaigne fustigeant Epictète : il se sert de la
même image. La vertu de Sénèque fait peur, et le moins
vicieux s'abandonnerait aux voluptés en considérant la
peinture qu'il en fait. Ce qu'il préfère, c'est la sagesse
« où qui en sait l'adresse peut arriver par des routes
gazonnées, ombrageuses et doux-fleurantes ».

« Je confesse, dit-il de son modèle préféré (3), que de
toutes les opinions des philosophes touchant le souverain
Bien, il n'y en a point qui me paraisse si raisonnable que
la sienne ». « S'il a aimé la jouissance, en voluptueux, il
s'est ménagé, en homme sage, ne prenant pas toujours la
chasteté pour une vertu, comptant toujours la luxure pour
un vice ; il vouloit que la sobriété fût une économie de
l'appétit, et que le repas que l'on faisoit ne pût jamais
nuire à celui qu'on devoit faire... Comme il tomba dans les
infirmités et dans les douleurs, il mit le souverain Bien
dans l'indolence, sagement, à mon avis, pour la condition
où il se trouvoit, car la cessation de la douleur est la
félicité de ceux qui souffrent. »

Ne nous étonnons pas après cela s'il se laisse d'ordinaire
aller mollement au cours des événements, philosophe à
sa manière, et, comme son maître, envisageant toujours
les choses sous leur biais le plus favorable.

---

(1) T. I, p. 89.
(2) T. I, p. 30.
(3) T. I, p. 171.

Pas plus que Montaigne pourtant, il n'a pu se soustraire entièrement aux inévitables énigmes que la vie nous présente sans cesse à résoudre.

« Laissant la volonté à ses incertitudes, il avait l'air alors d'embrasser la religion pour échapper au désespoir. (1) » A l'entendre en ces moments-là, on l'eût cru à jamais converti.

Trouvant que Socrate, Epicure, Sénèque se contredisaient, et que Descartes n'avait pas mieux réussi, tout d'un coup, avec l'accent d'un orateur et d'un philosophe chrétien, il s'écriait : « Lisez, Monsieur, méditez; vous trouverez au bout de votre lecture, de vos pensées, de vos méditations, que c'est à la religion d'en décider et à la raison de se soumettre. »

Parfois au contraire sa pensée ondoyante et diverse ne s'élève pas jusqu'à cet acte de foi. Il s'arrête, pour ainsi dire, à mi-côte, et, comme il était arrivé à Montaigne, il semble s'attacher à certaines idées difficilement conciliables avec la recherche du plaisir quand même.

« Nous ne pouvons, dit-il (2), trouver en cette vie la béatitude imaginaire que nous y cherchons. » Et après cette mélancolique constatation, il conseille « de diminuer la violence de nos désirs par la considération de la véritable valeur des choses (3) ». « Ne nous lançons pas à la recherche vaine d'une réputation éphémère. Retirons-nous en nous-mêmes pour nous consoler par le témoignage de notre conscience (4). » « Qu'un homme de bien fasse réflexion sur l'état de sa conscience et se réjouisse de ne trouver ni remords, ni gêne au fond de son cœur. »

Saint-Evremond rentre ainsi vraiment à certains moments

(1) GIDEL, op. cit., p. 90.
(2) Edit. 1753. T. VII, p. 21
(3) *Ibidem*, p. 35.
(4) *Ibidem*, p. 42 et 62.

dans le mouvement d'où est sortie la Morale provisoire.
Nous ne croyons pas toutefois à une influence directe de
Descartes. Plusieurs textes cités plus haut témoignent
d'une résistance très marquée à l'égard du cartésianisme.

On rencontre pourtant dans certaines éditions (1),
notamment dans celle de Londres de 1711, un fragment
intitulé *Maximes de Morale*, qui paraît contredire for-
mellement cette opinion. Le voici dans ses parties principales :

« La raison qui nous oblige d'être souvent irrésolu
dans nos jugemens, parce que la plupart des objets ne
se présentent pas à notre Esprit avec assez d'évidence,
pour se bien faire connoître, nous oblige à ne l'être point
dans nos Actions ; puisqu'ayant à vivre les uns avec les
autres, il est nécessaire de choisir enfin quelque espèce
de conduite, dans laquelle on doit persévérer constamment jusqu'à ce que l'on en ait trouvé une meilleure.

Car de même qu'un homme qui abat sa maison, pour en
rebâtir une autre, fait choix par provision de quelque lieu,
pour y demeurer pendant qu'il bâtit ; ainsi, lorsqu'on veut
examiner avec quelque soin ses Pensées, et reformer son
Ame sur les Préjugés dans lesquels elle peut être, il se
faut faire *par provision* une Morale, qui nous serve de
règle. Cette Morale se peut réduire à ces quatre Maximes.

I. — Obéir aux Loix et aux Coutumes du Pays de sa naissance, et suivre en toutes choses les Opinions les plus
modérées, sans désapprouver ni condamner personne.

II. — Être si ferme dans cette conduite que l'on a
choisie, que l'on n'ait nul égard à tout ce qu'on pourra
dire pour nous en détourner : semblables en cela à des

(1) *Œuvres meslées*, 1693, t. IV, p. 164 à 169 ; et *Œuvres meslées ou Mélange
curieux des meilleures pièces attribuées à Monsieur de Saint-Evremond*, Londres,
1711, 7 volumes in-12, t. VII, p. 139 à 141.

Voyageurs qui, se trouvant dans quelque Forêt, ne doivent pas errer deçà ou delà, mais marcher toujours le plus droit qu'ils peuvent vers le même côté, et ne le changer point pour de faibles raisons. Car enfin ils arriveront quelque part, où vraisemblablement ils seront mieux qu'au milieu d'une Forêt.

III. — Se délivrer de toutes les inquiétudes qui ont coutume d'agiter ces Esprits faibles et chancelans, qui se laissent tourner inconstamment par toutes sortes d'exemples ; car ces agitations et ces inutiles et embarrassantes réflexions amusent l'Esprit, et lui ôtent tout ce qu'il peut avoir de force.

IV. — De toutes les pratiques de la Morale, il faut plutôt choisir celles qui nous apprennent à nous vaincre nous-mêmes, que celles qui ont pour but de triompher de la Fortune, et changer nos désirs, sans prétendre rien changer à l'ordre du monde. Je crois que c'étoit le secret de ces Philosophes qui, malgré les incommodités de la vie, ont pu disputer de la Félicité avec leurs Dieux. Mais il est impossible de pratiquer ce secret à moins qu'on ne soit fortement persuadé qu'il n'y a véritablement en notre pouvoir que nos Pensées et nos Désirs.

Avec ce peu de Maximes, on peut avoir une conduite régulière jusqu'à ce que l'on s'en forme une autre par une longue Expérience, s'il est possible d'en trouver une meilleure, la Vie étant courte, et les occasions d'avancer fort rares. »

C'est une pure paraphrase des règles cartésiennes : l'auteur s'y approprie la troisième partie du *Discours* sans prendre la peine d'indiquer à quelle source il a puisé ces *Maximes de Morale*, ce qui est bien surprenant. Aussi semble-t-il permis de se demander si ce morceau n'est pas apocryphe. Nous inclinons à le supposer : d'abord il ne figure pas dans la grande édition de 1753 que publia Des Mazeaux, chargé par Saint-Evremond de ses papiers. Nous l'avons de même vainement recherché dans plusieurs autres, et la partie de l'édition de 1711 dans laquelle il figure, est intitulée : *Mélange curieux des meilleures pièces attribuées à M. de Saint-Evremond*, ce qui n'est pas fait pour dissiper nos hésitations. En tous cas, si ce fragment vient bien de Saint-Evremond, il ne faudrait pas encore, suivant nous, s'en exagérer l'importance : nous ne saurions alors y voir qu'un extrait fait par Saint-Evremond au courant d'une lecture pour son usage personnel, et nous nous refusons à considérer ce simple résumé comme un document qui permette d'affirmer l'action de l'auteur du *Discours de la Méthode* sur Saint Evremond. Nous ne croyons, en un mot, qu'à une influence indirecte et lointaine.

CHAPITRE V

LA MORALE CHRÉTIENNE. — MALEBRANCHE
ET LE PÈRE AMELINE

———

Pascal juge avec la dernière sévérité le pyrrhonisme et le stoïcisme : il estime qu'on ne saurait, en les alliant, former « une Morale parfaite », et cette dédaigneuse appréciation est la condamnation solennelle par le jansénisme du puissant et original effort tenté par le cartésianisme.

Quelle a été à cet égard l'attitude de la Morale chrétienne?

Nous le demanderons à deux cartésiens d'inégal mérite et d'inégale renommée, mais tous deux inébranlablement attachés à la religion.

Malebranche et Ameline appartiennent à cet ordre de l'Oratoire, qui accueillit avec tant d'empressement le *Discours de la Méthode* (1).

La puissante originalité de Malebranche (2) donne à son témoignage un prix particulier.

Malebranche ne voit que Dieu ; « il oublie la terre », a-t-on dit justement (3).

---

(1) « La Philosophie de Descartes se propagea rapidement dans l'Oratoire. » RENOUVIER, *loc. cit.*, p. 196.

(2) 1638-1715.

(3) OLLÉ-LAPRUNE, *La philosophie de Malebranche*, t. II, p. 472.

Quel point de contact dès lors une semblable théorie peut-elle avoir avec une doctrine qui n'a d'autre but que de nous apprendre à exceller dans notre condition d'homme ?

On dirait, à première vue, qu'une barrière infranchissable s'élève entre les deux systèmes : il n'en est rien cependant, et, quand on y regarde de près, il est aisé de découvrir entre eux plus d'un point commun.

Sans aucun doute, les deux conceptions sont et demeurent toujours opposées dans leur fond ; il est cependant un point essentiel où elles se rejoignent un instant.

A la différence de Descartes, qui finissait par rattacher la notion du devoir à l'idée de Dieu, Malebranche part de Dieu lui-même. C'est en Dieu qu'est l'unique fondement de la Morale. Aimer Dieu, voilà l'objet suprême. Or, si nous aimons Dieu, nous devons aimer et suivre l'ordre qu'il a établi : le devoir consiste donc à agir en vue de cet ordre, et la vertu est l'habitude que nous prendrons de sacrifier à cet ordre nos passions et nos intérêts. C'est ainsi que nous trouverons la félicité (1).

Pour y arriver, il faut, avant toutes choses, connaître la vérité, c'est-à-dire éviter l'erreur et chasser l'ignorance, « qui n'est bonne à rien (2) ». Il faut voir clair en ses actions, disait Descartes, qui faisait reposer la moralité sur la raison. Malebranche, qui regarde « la raison qui éclaire l'homme... comme le verbe ou la sagesse de Dieu même (3) », ne pense pas autrement, et, à son tour, il est amené à faire de la Logique, qui débarrasse des préjugés et enseigne le vrai, une partie intégrante de la Morale (4).

Est-ce à dire que l'homme de bien doive être nécessairement un savant ? Nullement. Parmi les nombreuses

(1) *Traité de Morale*, I, ch. I.
(2) *Méditations chrestiennes*, XVIII, 17.
(3) *Traité de Morale*, I, ch. I.
(4) *Traité de Morale*, I, ch. II et VII.

sciences qui sollicitent l'intelligence, quelques-unes seulement ont, à ce point de vue, une utilité, et cette utilité se
mesure en quelque sorte au degré de la connaissance de
Dieu qu'elles nous procurent. Il faut, avant tout, connaître
Dieu et se connaître soi-même, ne point négliger les mathématiques et la physique, qui sont indispensables à la
bonne direction de l'esprit ; quant au reste, il exalte l'imagination et est dangereux (1). Ce qu'il importe de cultiver,
c'est la force et la liberté de l'esprit : « Par l'usage que
l'on fait de la force et de la liberté de son esprit, on découvre la vérité, et par l'usage qu'on fait de la liberté de son
esprit, on s'exempte de l'erreur. (2) »

Ce sont ces deux principes indiqués dans *la Recherche
de la Vérité* qui servent de base au *Traité de Morale.*

La Morale de Malebranche, comme la Morale de Descartes, repose donc elle aussi sur l'idée claire, et cette
rencontre n'est ni fortuite ni arbitraire, elle est le résultat
logique et prévu de leur méthode.

Ne nous étonnons donc plus de l'identité de certains
conseils de Logique et de Morale sur la nécessité d'apprécier la juste valeur des choses (3), de fuir les passions (4), de modérer nos désirs, etc. : c'est au fond toujours le développement de la même pensée. Constatons
seulement que Malebranche arrive à conduire l'homme
à la résignation et au sacrifice (5).

Mais qu'on ne se méprenne pas sur la portée de cette
conclusion : la résignation dont il s'agit est la résignation
chrétienne.

---

(1) *Traité de Morale*, I, ch. v, 9, 22; *la Recherche de la Vérité*, liv. IV, chapitres vi et vii.
(2) *Traité de Morale*, I, ch. vi, 3.
(3) *Traité de Morale*, I, ch. xii.
(4) *La Recherche de la Vérité*, liv. I, ch. V.
(5) *Traité de Morale*, II, ch. xi.

C'est parce que l'homme vertueux voit et aime Dieu
qu'il s'incline avec amour et respect devant sa volonté
souveraine. « C'est l'obéissance que l'on rend à l'Ordre,
c'est la soumission à la loi divine, qui est vertu en tout
sens. (1) »

On chercherait vainement une analogie même lointaine
entre cette doctrine et le stoïcisme. Malebranche a d'ailleurs eu soin de signaler à maintes reprises (2), mais
surtout dans un chapitre célèbre de *la Recherche de la
Vérité* (3), l'abîme profond qui l'en sépare.

On a dit (4) que sa grande originalité avait été de chris-
tianiser le cartésianisme : ces pages en sont la preuve. Le
pieux oratorien, au reste, ne se borne pas à juger Sénèque,
il tient immédiatement après à nous faire connaître son
avis sur Montaigne (5).

Comme Pascal, il semble rapprocher lui aussi ces deux
principes opposés, pour en montrer l'inanité et pour s'en
éloigner avec une religieuse horreur. C'est un écho lointain, mais non affaibli de l'entretien avec M. de Saci que
l'on retrouve dans *la Recherche de la Vérité*, qui vient
ainsi attester l'actualité que présentaient encore en 1674
ces doctrines.

Pascal s'en était pris à Épictète : c'est à Sénèque, le
moraliste cher à Descartes, que Malebranche s'attaque.

Il commence par avouer que l'auteur du *de Vita beata*
donne « par la force de son imagination un certain tour à
ses paroles, qui touche, qui agite et qui persuade par
impression », mais il n'y a rien « de plus vain et plus imaginaire ». C'est folie de prétendre que le sage est insen-

---

(1) *Traité de Morale*, I, ch. 1.
(2) *La Recherche de la Vérité*, liv. I, ch. xvii, et liv. IV, ch. ii et iv.
(3) *La Recherche de la Vérité*, liv. II, 3e partie, ch. iv.
(4) Thamin. Edit. de la *Recherche de la Vérité*, liv. II; préf., p. 2.
(5) *La Recherche de la Vérité*, liv. II, 3e partie, ch. v.

sible aux souffrances physiques et que seul il est l'égal de
Dieu et qu'il est Dieu.

A ce portrait « trop beau pour être naturel », Malebranche, qui a horreur de cet orgueil et qui ne croit pas que
l'on puisse ainsi arriver à se retrancher du monde, oppose,
dans un vivant contraste, celui du chrétien, qui accepte
avec résignation la douleur qu'il ressent et qui pratique
le pardon des injures et de la calomnie par amour pour
son Dieu.

Puis il montre avec verve le danger d'une doctrine qui
séduit la vanité humaine, ce qui explique « qu'il y a peu
de personnes qui regardent les stoïciens comme des
visionnaires ou comme de hardis menteurs ».

Il sait bien cependant qu'il n'est pas le premier à avoir
« démasqué Sénèque », et, « sans parler de quelques illustres de ce siècle », il cite Quintilien. Il avoue toutefois
« qu'il a beaucoup d'estime dans le monde et qu'on prendra pour une espèce de témérité qu'il en ait parlé comme
d'un homme fort imaginatif et peu judicieux » : mais
c'est à cause de cette estime qu'il a jugé opportun de le
faire.

Il ajoute, en toute impartialité, que ses œuvres renferment un grand nombre de passages « qui ne contiennent
que des vérités solides et conformes à l'Evangile », et que
« de grands hommes s'en sont servis utilement », « Je n'ai
garde de condamner ceux qui, pour s'accommoder à la foiblesse des autres hommes, qui avoient trop d'estime pour
lui, ont tiré des ouvrages de cet auteur des preuves pour
défendre la morale de Jésus-Christ et pour combattre aussi
les ennemis de l'Evangile par leurs propres armes. »

Mais cette philosophie païenne ne le satisfait pas et il
termine par l'affirmation solennelle des principes de la
Foi : « Nous ne pouvons vivre selon les règles de la vertu
et vaincre la nature, si nous ne sommes soutenus par la

grâce que Jésus-Christ nous a méritée ! » « C'est à nostre foi chrestienne, non à la vertu stoïque de prétendre à cette divine et miraculeuse métamorphose, (1) » avait déjà dit Montaigne raillant les orgueilleuses prétentions du Portique.

Cette pieuse remarque ne l'a pas préservé des sévérités de Malebranche (2), qui se montre vis-à-vis de lui plus impitoyable encore qu'il ne l'est vis-à-vis de Sénèque, plus impitoyable même que Pascal, qui lui était au moins reconnaissant d'avoir humilié la raison.

L'auteur de *la Recherche de la Vérité* n'a pas compris de la même manière les *Essais*, n'ayant jamais connu les angoisses du doute. Il a lu ce livre en croyant, il n'y a rencontré qu'un sceptique « faisant gloire de douter de tout », et il le flagelle et le condamne avec rigueur, essayant de lui enlever tout son prestige et dépassant même manifestement la mesure. Pour lui, Montaigne n'est « qu'un pédant à la cavalière », il est « vain et fier, de grande mémoire et de peu de jugement »; il n'a fait son livre que pour se peindre : il dit bien qu'il le destine seulement « à ses parens et à ses amis », mais il est trop orgueilleux pour que telle ait été sa véritable pensée.

Ce doute continuel exaspère le prêtre, qui dénonce avant tout avec indignation « cette maladie de l'esprit », mais qui ne lui pardonne pas, en passant, d'avoir accordé « délibération, pensements et conclusion » aux araignées elles-mêmes; il ne lui reconnaît en résumé qu'un seul mérite, la richesse de son imagination.

Mais cela ne suffit pas pour trouver grâce aux yeux de Malebranche, qui ne se laisse pas facilement éblouir.

Il a vite discerné dans Montaigne celui qui demeure,

---

(1) *Essais*, liv. II, ch. II.
(2) *La Recherche de la Vérité*, liv. II, 3ᵉ partie, ch. v.

suivant le mot de Sainte-Beuve, « le sergent de bande des sceptiques », et que Pascal signalait à l'austère indignation de M. de Saci. C'en est assez pour qu'il ne puisse désormais songer à composer avec lui, et son impartialité, qui lui faisait un instant rendre hommage au stoïcisme, s'arrête devant tant d'audace : cette fois il ne juge plus, il condamne sans appel.

Ces deux chapitres de *la Recherche de la Vérité* avaient leur place dans cette étude ; ils appartiennent à l'histoire du pyrrhonisme et du stoïcisme au xviie siècle, ils en attestent la durée, et ils contiennent le jugement des moralistes chrétiens sur ces deux forces, que Descartes, se plaçant au point de vue purement humain, avait essayé de concilier.

Ces conclusions ne diffèrent pas sensiblement du jugement qu'avait porté Pascal, au nom de l'école janséniste : c'est, en définitive, à la même inspiration qu'obéit Malebranche, et c'est le même dédain que lui inspire le vain et inutile effort tenté par l'homme en dehors de Dieu.

Il est curieux de rapprocher de cette opinion celle d'un autre oratorien.

Le P. Ameline va s'efforcer, sans renier aucun des principes religieux, auxquels il est fermement attaché, de concilier ce qui paraissait inconciliable à Malebranche. Il prendra les maximes cartésiennes et, sans se préoccuper de leurs origines, sans juger les sources d'où elles procèdent, il en montrera la parfaite conformité avec l'Evangile : ce sont les Pères de l'Eglise qu'il appelle en témoignage.

Descartes rencontre ainsi, à la fin du siècle qu'il a illustré et qu'il avait tant craint de scandaliser par la nouveauté de son enseignement, un ami obscur, perdu dans les rangs de l'Oratoire, qui tentera d'établir l'orthodoxie de sa Morale.

Le Père Ameline procède de Malebranche et de Descartes. Il a écrit un livre intitulé : *L'Art de vivre heureux, formé sur les idées les plus claires de la raison et du bon sens et sur les très belles maximes de M. Descartes.*

Ce traité parut en 1690; trois éditions successives en attestent le succès et témoignent de la faveur que rencontraient encore ces théories.

Claude Ameline était le fils d'un procureur au Châtelet. Il suivit d'abord le barreau et se fit ensuite oratorien; il étudia la théologie à Saumur et devint en 1664 archidiacre du diocèse de Paris. Cette fonction lui donnait le droit d'inspection sur le clergé de la métropole. Sa vie paraît s'être écoulée dans la prière et dans l'étude.

En 1684, il publiait *le Traité de la Volonté, de ses principales actions, de ses passions et de ses égarements.*

Cet ouvrage fut un instant attribué à Nicole, et Bayle, dans la *République des Lettres* de janvier 1685 (1), signale en ces termes son apparition : « On croit que c'est un ouvrage de M. Nicole. Il y a longtemps qu'il l'avait écrit comme une espèce d'abrégé de morale, qui demeura parmi ses papiers. L'y ayant retrouvé enfin, il s'est résolu d'en faire part au public. La morale est fort belle. »

. Barbier et le docteur Hœfer déclarent au contraire (2) qu'Ameline est l'auteur de ce traité, qui parut revêtu de l'approbation des curés de Saint-Eustache et de Saint-Laurent.

Il est divisé en cinq parties, et est consacré « à l'anatomie presque tout entière de l'âme ». On y rencontre la division cartésienne des passions (3) et ce conseil tout car-

---

(1) *République des Lettres*, 1685, t. I, p. 111.

(2) *Nouvelle biographie générale*, par BARBIER et le docteur HŒFER, t. II. p. 350.

(3) *Traité de la Volonté*, 1684, p. 51. L'admiration, l'amour, la haine, le désir, la joie et la tristesse.

lésion qui consiste à « suspendre son jugement (1) », « On peut pécher contre cette règle en deux manières différentes, en le suspendant trop longtemps et en ne le suspendant pas assez. » Il ne faut ni précipitation, ni irrésolution, et nous devons juger des choses « d'après des perceptions claires et distinctes ».

A l'exemple de Malebranche, il affirme enfin que, « comme il n'y a que Dieu qui soit le véritable bien, il n'y a que son amour, qui puisse donner à l'homme la véritable prudence, la véritable justice et la véritable tempérance. (2) »

Il développe surtout cette idée dans un livre de théologie publié en 1699 : *Traité de l'amour du souverain Bien, qui donne le véritable caractère de l'amour de Dieu, opposé aux fausses idées de ceux qui ne s'éloignent pas assez des erreurs de Molinos et de ses disciples* (3).

Dans l'*Art de vivre heureux*, le P. Ameline se réclame expressément « des très belles maximes de M. Descartes ».

Cet ouvrage de Morale pratique est inspiré du *Discours de la Méthode* et des Lettres sur le bonheur.

A défaut d'originalité, ce commentaire a cependant un mérite : il est présenté avec beaucoup d'ordre et de clarté. L'auteur adopte sans réserve les maximes, et, bien qu'il ait la prétention (4) de traiter son sujet en regardant « l'homme dans sa propre nature, agissant par des voyes purement humaines et suivant exactement dans sa conduite les

---

(1) *Ibidem*, p. 71.

(2) *Ibidem*, p. 176.

(3) Ce traité est précédé de « principes ou maximes empruntés à saint Thomas et à saint Augustin » et est dédié à Monseigneur l'archevêque de Paris, duc de Saint-Cloud. L'auteur y soutient qu'il est nécessaire que tout ce que l'homme désire, il le désire en le rapportant à une dernière fin, qui est Dieu : « l'amour qui regarde Dieu comme objet de béatitude et comme récompense n'est point un amour impie ni mercenaire ».

(4) *L'Art de vivre heureux*, 1690. *Avis*, p. 3.

règles de sa conscience », il paraît très préoccupé d'appuyer ses principes sur l'autorité des Livres Saints et surtout de saint Augustin.

La première partie a pour titre : « Du bonheur de cette vie et de l'idée qu'on en doit avoir. »

Dès les premières lignes apparaît le disciple de Descartes : « Il ne faut point douter que la vaste étendue de la volonté de l'homme et de ses désirs ne soit assurément le plus grand et le seul obstacle à ses contentemens et l'unique source de tous ses déplaisirs. (1) »

L'Evangile confirme cette vérité philosophique : « La chute fatale du premier de tous les hommes n'a point eu d'autre cause que la grandeur et l'excèz de ses désirs. » C'est le moyen dont se servit le démon pour le perdre : « ne quaquam moriemini, eritis sicut dii, scientes bonum et malum. »

Pour vaincre cet obstacle, il suffit de régler ses désirs sur les conseils de la raison, pour éviter les regrets et les repentirs (2).

C'est ce que le prophète avait bien compris, qui demandait à Dieu de faire connaître aux hommes les bornes de leur puissance.

Le bonheur dont il s'agit est un bonheur « purement humain », que chacun peut acquérir de soi-même (en dehors de la grâce) par le libre usage des puissances et des facultés qu'il a reçues de Dieu, pour discerner le vrai d'avec le faux, le bien d'avec le mal.

Ce bonheur forcément limité est accessible même à ceux qui ne croient pas (3). En quoi consiste-t-il ?

Le P. Ameline suit pas à pas Descartes et, comme lui, il

(1) *Ibidem*, p. 6.
(2) *Ibidem*, p. 10.
(3) *Ibidem*, p. 39 : « Tous les hommes généralement peuvent faire d'eux-mêmes des actions moralement bonnes.

conclut que le plus sûr moyen d'être heureux est de vivre conformément à la vertu. Puis, fidèle à sa méthode, il recherche l'opinion des docteurs de l'Eglise, il cite saint Augustin, qui pense que c'est par la volonté « que nous usons et que nous jouissons de tous les autres biens que la raison propose (1) », saint Ambroise, qui assure « que la résolution de faire toujours son mieux pour connoître le bien et de l'embrasser toujours après l'avoir connu étoit le souverain Bien de l'homme (2) »; et, de même que Sénèque et saint Jean Chrysostome, il glorifie la conscience (3). Enfin, dans les chapitres IX, X et XI, il rappelle l'appréciation de Descartes sur Zénon et Epicure, dont il concilie à son tour les théories en invoquant encore en témoignage la *Cité de Dieu* (4), et il conclut que « notre bonheur dépend du droit usage de notre raison et du règlement de notre volonté, c'est-à-dire de la liberté de nos pensées. (5) »

La deuxième partie est exclusivement consacrée à l'étude psychologique de l'âme et de la liberté.

Toujours avec Descartes et saint Augustin, le P. Ameline soutient que « l'homme est libre dans l'usage de ses connoissances et de ses volontez (6) », et que « le franc arbitre est le bien de l'homme..., l'apanage de sa nature et le plus bel ornement de sa condition ». Il ne faut pas laisser obscurcir cette vérité. On a par calcul tenté de le faire. « Y avoit-il, demande-t-il (7), un moyen plus court et plus aisé pour justifier le désordre et le vice, pour

(1) *Ibidem*, p. 46.
(2) *Ibidem*, p. 48.
(3) *Ibidem*, p. 50 à 60.
(4) *Ibidem*, p. 70.
(5) *Ibidem*, p. 79.
(6) *Ibidem*, p. 156.
(7) *Ibidem*, p. 161.

favoriser les abus, excuser les erreurs, et autoriser le crime et l'injustice ? »

La fausse dévotion elle-même s'en est mêlée, en prétendant que la liberté est inconciliable avec la prescience divine. Après Bossuet, Ameline s'écrie (1) : « C'est un de ces secrets divins qui sont cachez en Dieu, et il y auroit de la témérité à vouloir pénétrer dans les raisons impénétrables de sa conduite »; et, après avoir cité expressément Descartes, il conclut que nous sommes libres.

Notre volonté ne se porte jamais au mal, excepté lorsqu'elle est trompée « par des apparences de bien (2) » : aussi est-il nécessaire « de fortifier notre entendement ».

C'est à ce grave problème qu'Ameline consacre la dernière partie de *l'Art de vivre heureux*. Il commente avec une chaleureuse conviction la belle lettre de Descartes « sur les vérités générales », en l'accompagnant seulement de quelques réflexions (3).

A propos de l'existence de Dieu et des conséquences qui en découlent, il écrit que l'on peut aimer Dieu naturellement plus que toutes les autres créatures (4). « C'est ce que M. Descartes dit expressément au premier tome de ses Lettres, page 112, où il examine cette même question ; sçavoir si la seule lumière naturelle nous enseigne à aimer Dieu. Le chemin que je juge qu'on doit suivre pour parvenir à l'amour de Dieu, par la seule force de notre nature, est qu'il faut considérer, qu'il est un esprit, ou une chose qui pense, en quoy la nature de notre

---

(1) *Ibidem*, p. 174.
(2) *Ibidem*, p. 200.
(3) *Ibidem*, p. 208.
(4) *Ibidem*, p. 237.

âme ayant quelque ressemblance avec la sienne, nous venons à nous persuader qu'elle est une émanation de sa souveraine intelligence : Divinæ quasi particula auræ. »

Il recommande, après Socrate et saint Augustin, d'apprendre à nous connaître nous-mêmes. « C'est, dit-il (1), ce qu'une personne très sage et de grande piété écrivit à une Dame de haute condition, pour la consoler de la mort de son père. Représentez-vous souvent, luy dit-il, dans la dissolution et dans la mort d'une personne si chère, la rüine générale de toutes les créatures vivantes de cet univers, qui périt peu à peu dans les hommes et dans les ouvrages des hommes, comme un tableau tracé sur une muraille, qui s'efface et disparoît peu à peu : et voyant ainsi par une expérience si notable la défaillance du monde, méprisez toutes ces choses qui par des beautez apparentes donnent des illusions à vos yeux, pour n'aimer que les biens solides de votre âme. » Voilà une pensée bien digne de Marc-Aurèle.

En méditant sur sa propre nature, l'homme verra qu'il n'est rien par lui-même et que l'on ne peut « raisonnablement rapporter tout à soy même sans penser aux autres (2) ». Aimons-nous et aidons-nous les uns les autres. « Les grandes âmes ne trouvent rien de si indigne d'elles, ni de plus bas, que de négliger les autres pour ses intérêts propres. (3) » « La seureté de conscience ne peut venir d'ailleurs que de l'assurance et du témoignage que chacun peut se rendre à soy même d'avoir fait son possible pour connoître ce qui est le meilleur. (4) » En cas de doute, il faut suivre les opinions les plus modérées et les plus communément reçues.

---

(1) *Ibidem*, p. 245.
(2) *Ibidem*, p. 253.
(3) *Ibidem*, p. 256.
(4) *Ibidem*, p. 285.

« Il en faut choisir une entre les autres, dit M. Descartes. (1) » Habituons-nous à considérer « les choses du
côté qu'elles contribuent le plus à notre avantage (2) », et
ne désirons jamais « que toutes celles que nous sommes
capables d'acquérir (3) ».

Là est le secret de la sagesse antique : il est conforme à
la raison et à l'expérience. « *L'art de vivre content* ne
consiste qu'à se bien servir de sa raison dans toutes les
rencontres. (4) »

Ainsi se termine le traité d'Ameline. La Morale qu'il
recommande est en définitive la Morale chrétienne de la
bonne volonté : il rapproche avec soin les maximes du
Discours des Docteurs et des Pères de l'Eglise, et il s'efforce d'en démontrer la parfaite orthodoxie.

C'est là sa grande préoccupation et aussi peut-être son
principal mérite. S'il a très bien compris le caractère essentiel de la Morale provisoire, qui est le conseil de faire
pour le mieux, il ne paraît pas avoir aussi clairement entrevu, bien qu'il le suive dans la troisième partie de son
travail, l'intellectualisme qui se cache derrière la théorie
de l'intention et qui sépare d'une façon si profonde la
Morale cartésienne de la Morale chrétienne.

Cette nuance n'avait point échappé à l'esprit clairvoyant
de la princesse Palatine : Ameline a-t-il volontairement
fermé les yeux et n'a-t-il pas voulu insister sur un point
que le gênait? Quoi qu'il en soit, il reste dans le grand
siècle l'un des derniers représentants du mouvement
néo-stoïcien, auquel Descartes a pris une si large part et
qui a imprimé aux idées morales de cette époque, à la

(1) *Ibidem*, p. 288.
(2) *Ibidem*, p. 204.
(3) *Ibidem*, p. 205.
(4) *Ibidem*, p. 322.

Morale chrétienne elle-même, un caractère si marqué de sagesse, de désintéressement et de noblesse. *L'Art de vivre heureux* justifie en tous cas l'appréciation de M. Fouillée, qui estime que l'influence du cartésianisme en Morale fut beaucoup plus grande qu'il ne semble au premier abord (1).

(1) FOUILLÉE, *Descartes*, p. 144.

CONCLUSION

Longtemps confondue avec la religion, la Morale en est aujourd'hui séparée. Elle a conquis son indépendance. La vertu est devenue un terrain neutre, que tous s'entendent pour protéger. Nous lui reconnaissons le droit d'exister par elle seule; et ceux mêmes qui trouvent dans la pensée qu'un Être supérieur les voit, les soutient et les encourage, le plus doux et le plus puissant des reconforts, éprouvent « pour l'effort supplémentaire que cette indépendance suppose une nuance particulière de respect (1) ». Nous croyons, en d'autres termes, à l'unité morale du genre humain et à la possibilité du mérite pour tous.

Cette large tolérance, dont nous avons, à notre tour, fait un dogme qui domine notre temps, n'est que le résultat de notre nouvelle conception du devoir. En émancipant la conscience, Descartes a contribué pour une large part à ce progrès.

Avec les seules forces de sa pensée, sans demander aucun secours à une autorité quelconque, il dirige provisoirement sa vie. La vertu seule, dégagée de tout appui extérieur, lui apparaît dans la nuit où il se trouve comme le phare qui le conduit au port. Il glorifie le bien portant en lui-même sa récompense, et, en donnant à ses maximes

---

(1) THAMIN, *Saint Ambroise et la Morale chrétienne*. Masson, in-8°, 1895, p. 454.

cette base exclusivement psychologique et humaine, il leur imprime un caractère tout laïque.

Notons cependant qu'il ne se met pas pour cela en contradiction formelle avec la religion. Tout conflit d'ailleurs est impossible : il ne s'occupe du bonheur que dans la mesure où l'homme en est capable dès cette vie, et il n'aborde pas l'examen de la béatitude dans l'autre monde, qui est le véritable objet que se propose le Christianisme.

Sa Morale est donc indépendante, sans être irréligieuse : elle l'est si peu, que lorsqu'il poussera plus loin ses investigations, il la rattachera définitivement, par la « raison naturelle », à l'idée même de Dieu. Elle est avant tout susceptible de progrès, puisque, reposant sur l'exacte connaissance de nos devoirs, elle est scientifique.

Mais nous avons avec soin précisé ce qu'il fallait entendre par ce terme, et, en montrant comment l'intellectualisme cartésien reste toujours une Morale de la liberté, nous avons par cela même marqué son originalité. Cette originalité consiste précisément dans cette conciliation de l'intelligence et de la liberté, qui la distingue à la fois du déterminisme et du Kantisme. Tandis que la Morale kantienne, tout entière suspendue à la notion du Devoir, conçu comme un absolu qu'il n'est ni nécessaire ni possible de justifier par des considérations dogmatiques, reste le type des Morales qui mettent dans la volonté tout le prix de la moralité, la Morale cartésienne au contraire, même quand elle incline provisoirement vers la volonté, n'oublie jamais l'intelligence, qui est aussi nécessaire à l'homme pour atteindre le vrai que la volonté lui est indispensable pour accomplir le bien.

Cette Morale enfin a reçu du milieu même où elle est née une marque indélébile, qui est son cachet d'origine : elle est très nettement stoïcienne.

Remarquons cependant que le stoïcisme du *Discours* et

des Lettres sur le bonheur est un stoïcisme nouveau et
rajeuni : si le Philosophe répète qu'il vaut mieux tâcher
à se vaincre que la fortune, tant qu'on est impuissant à
modifier le monde extérieur, il veut du moins nous en assurer le pouvoir, et, au lieu « d'une Morale d'abstention »,
il inaugure une Morale « positive et active ». « Chercher
dans l'ordre des choses elles-mêmes les règles de sa conduite est ce qu'il y a de mieux à faire, tant qu'on ignore
les principes de cet ordre. Mais lorsque, grâce à une culture méthodique de la raison, l'homme est parvenu à connaître les principales vérités d'où découlent les lois de la
nature, à la maxime « suis la nature » il substitue, en un
sens précis et positif qu'ont ignoré les anciens, cette
maxime « suis la vraie raison (1). » L'homme dès lors ne
subit plus la nature, il la conquiert et s'en rend maître,
comme il se rend maître de ses passions, et cet empire de
la raison sur les choses et sur elle-même n'est que « le
moyen pour elle de poursuivre les fins qui lui sont propres, telles que l'amour de Dieu et l'intérêt du tout dont
on fait partie ».

Ainsi l'antique idée stoïcienne reparaît vivifiée au contact de la science moderne (2), et le cartésianisme, avec sa
foi invincible dans le progrès, est bien « l'âge héroïque de
la raison ».

Il constitue, en tous cas, une force nouvelle et immense,
dont les contemporains, à part Bossuet et Pascal, n'en-
trevoient pas nettement la portée (3). Il a dans ses flancs
des germes qui grandiront au siècle suivant. En atten-

(1) BOUTROUX, *Revue de Métaphysique et de Morale*. Juillet 1896, p. 510.
(2) R. THAMIN. *Cours inaugural au Collège de France*, Loc. cit.
(3) « Il est certain que la philosophie de Descartes a pour âme le principe
même d'où l'irréligion du siècle suivant devait sortir, que l'esprit scientifique
et la foi au progrès indéfini de la raison, qui sont au fond de la méthode cartésienne, se sont découverts plus tard les mortels ennemis de la vérité révélée. »
LANSON. *Revue de Métaphysique*, juillet 1896, p. 528.

dant, il reste un des grands courants qui traversent cette époque, opposant sa certitude scientifique à l'austérité morale du jansénisme.

Cette doctrine est pourtant profondément humaine et ce stoïcisme ne va pas sans une légère teinte de pyrrhonisme, qui lui donne une forme plus souriante et plus vraie.

Descartes obéit donc, comme tous ses contemporains, à ces deux influences contraires, qui constituent peut-être « l'alternative » qui s'impose en Morale.

M. Clay a écrit sous ce titre (1) une magistrale étude, où il soutient que l'homme a le choix d'être le jouet de certaines forces inconscientes, qui sont au fond des forces organiques, ou de devenir une véritable personne et d'arriver à la sagesse, « à l'humanité », par l'obéissance à la loi divine de l'abnégation et de l'amour (2).

Il nous semble, à nous, que nous devons nous déterminer à vivre en stoïciens ou en pyrrhoniens, et quand, au point culminant de son siècle, Pascal, en pleine possession de son génie et de son œuvre, déclare qu'Epictète et Montaigne appartiennent « aux deux plus célèbres sectes du monde », il résume vraiment l'histoire de l'humanité.

Les uns envisagent la vie comme un plaisir. Nonchalamment couchés sur le moelleux et commode oreiller dont parle l'auteur des *Essais*, ils se laissent aller sans s'émouvoir au cours des événements et au caprice de la fortune. A l'effort courageux et persévérant, ils opposent la plus

---

(1) CLAY. *L'Alternative*, traduction d'Auguste BURDEAU, 1885.

(2) « En d'autres termes, ainsi que le remarque M. BURDEAU, c'est la voie que nous a indiquée le Christ, rencontre digne d'attention : cette voie unique de salut que la Philosophie, éclairée par la Psychologie, arrive à découvrir sur la fin du XIXe siècle, le Christ, près de deux mille ans avant, l'avait choisie, et, sans donner raison de son acte, il avait orienté la société chrétienne naissante dans la direction voulue, imposant à l'âme des règles de conduite qui exercent la volonté à combattre la force de l'inconscient. » *Eod. loc.*, préface, p. 18.

indolente inaction. Ils se contentent de ces vertus de juste milieu, dans la composition desquelles entrent surtout des qualités de tact, de mesure et de bon goût. Ils rentrent en eux-mêmes ; prudemment ils s'éloignent de la foule et se complaisent dans une savante indifférence. A quoi bon, si nous ne sommes sûrs de rien, nous dépenser ainsi au dehors ? Le plus sage est de faire provision de ses forces, de les garder pour soi et d'en user avec mesure. Vis-à-vis de leurs semblables comme vis-à-vis d'eux-mêmes, ils font ainsi des économies de dévouement et de sacrifice. Il ne s'agit pour eux que d'obtenir un maximum de bonheur avec un minimum de peine.

Les autres élèvent le devoir à la hauteur d'un principe. Ils veulent vivre, dans la noble acception du mot. Ils ne séparent pas la perfection intellectuelle de la perfection morale : ils croient au progrès indéfini du monde par l'accord de la raison et de la moralité. Ils s'imposent une discipline sévère : « ils apprivoisent leurs passions » et dominent leurs instincts. Leur âme s'affine si bien que leur effort, même quand il est vaincu par la puissance aveugle des choses, a encore à leurs yeux un prix inestimable. La satisfaction de la conscience est le premier de leurs biens : elle suffit à quelques-uns, elle donne à tous une endurance, une résistance à la tentation, une maîtrise d'eux-mêmes admirables. Ils travaillent ainsi sans relâche au développement de leur personnalité. Ils éprouvent la nécessité de collaborer aux fins divines de l'Univers. Nul n'a le droit, selon eux, de se désintéresser de la Patrie, de l'Humanité, et ils remplissent ces devoirs avec une véritable ferveur. L'abnégation n'est-elle pas le plaisir des forts ? Ils se dévouent sans mesure et sans calcul. Le mot de Térence est leur devise, et, dans cette recherche incessante du progrès, leur conscience mieux éclairée découvre de nouveaux devoirs. De la charité chrétienne, ils font la solidarité : ils organisent, à côté des œuvres de bienfaisance, des sociétés d'assistance morale. « Le véritable levier du monde et la cause la plus certaine de tout bonheur, c'est le sacrifice et la joie de se sacrifier. L'individu est un monstre dans la nature, il ne revient à l'équilibre et à la santé qu'en se subordonnant à un ensemble le plus vaste possible, et finalement à un idéal. Le Christ a prononcé la plus haute parole qui ait été entendue des oreilles humaines : le royaume du monde et des cieux est à celui qui saura aimer et se sacrifier. (1) »

La Morale chrétienne, comme la Morale naturelle, est susceptible d'être interprétée et pratiquée dans ce double esprit. Gassendi et Malebranche en sont la preuve. Les austères traditions de Port-Royal n'ont pas une autre origine, et ainsi s'expliquent, jusque dans un même culte, la mondaine indulgence des uns et la rigidité inflexible des autres.

La religion, en réunissant les esprits dans une foi commune, ne fait point disparaître les tendances naturelles qui les divisent. Elle les atténue seulement.

Le pyrrhonisme et le stoïcisme constituent donc deux doctrines qui se disputent éternellement notre conscience. Parfois elles nous groupent en familles distinctes; parfois elles semblent s'allier, comme chez Descartes, dans une juste mesure, mais elles se juxtaposent, elles ne se confondent jamais; nos sentiments gardent toujours leur cachet d'origine, et, si la conscience moderne est à la fois païenne et chrétienne (2), elle est toujours pyrrhonienne et stoïcienne.

C'est sous ces deux principes qu'elle continue à se dé-

_____

(1) Extrait d'une lettre de BURDEAU à M. Paul Desjardins. Premier Bulletin de l'*Union par l'Action morale*.

(2) THAMIN, *Saint-Ambroise*, p. 489. SAINTE-BEUVE a dit « qu'il y a du Montaigne en chacun de nous ». *Port Royal*, t. II, p. 410.

battre, c'est sous leur action commune qu'elle grandit et
s'élève.

Elle doit à l'un ce large esprit de tolérance philosophique, politique et religieuse qui est sa gloire, ces vertus de
juste milieu qui marquent le vrai niveau moral de notre
époque, tandis qu'elle emprunte à l'autre ce culte de la
valeur individuelle, qui a brisé les vieilles supériorités
du sang et de la naissance, et cette notion agrandie du
devoir social si pleine de promesses généreuses.

La Morale cartésienne est sans aucun doute, comme
toutes les Morales antiques, une Morale d'excellence et
une Morale aristocratique, qui demande un effort puissant
et une nature d'élite. Mais, si elle n'est pas facilement accessible aux âmes vulgaires, elle peut satisfaire ceux qui
éprouvent, au milieu de leurs doutes, le besoin de vivre
honnêtement.

Par là elle a un intérêt toujours actuel. « Supposons
une preuve directe, positive, évidente pour tous, des peines
et des récompenses futures, où sera le mérite de faire le
bien? Il n'y aurait que des fous, qui de gaieté de cœur
courraient à leur damnation. (1) »

Mais quand on ne croit pas, à quelle idée se ressaisir
et quel principe adopter?

« Il est une base indubitable, répond Renan (2), que nul
scepticisme n'ébranlera et où l'homme trouvera jusqu'à la
fin de ses jours le point fixe de ses incertitudes : le bien,
c'est le bien, le mal, c'est le mal! »

« Mon credo a fondu, s'écriait Amiel (3), mais je crois au
bien, à l'ordre moral, au salut ! »

---

(1) Renan. *Origines du Christianisme*, t. VII, p. 204.
(2) *Essais de Morale et de Critique*, 1867, Préface.
(3) Cf. Paul Bourget, *Essais de Psychologie contemporaine*, 1886, l'étude
consacrée à Amiel, p. 284 sqq.

Descartes, comprenant qu'il ne pouvait demeurer irrésolu en ses actions, avait déjà hardiment proclamé sa foi dans la vertu et embrassé le stoïcisme.

Cette philosophie, sagement entendue, est d'ailleurs celle qui peut le mieux, auprès des grands et libres esprits, suppléer la Morale religieuse.

« Nous avons beaucoup appris depuis seize siècles, écrit Taine (1), mais nous n'avons rien découvert en morale, qui atteigne à la hauteur et à la vérité de cette doctrine. » Il déclare, en vrai disciple de Marc-Aurèle, que « le meilleur fruit de la science est la résignation froide, qui, pacifiant et préparant l'âme, réduit la souffrance à la douleur du corps ». Il estimait, comme le philosophe ancien, qu'il suffit, pour être heureux, de conformer nos désirs à l'ordre du monde, au lieu de lutter contre l'ordre inévitable des choses pour l'assujettir à nos désirs. « Maxime apaisante, car elle nous prépare à supporter la douleur avec la consolation de la loi obéie ; maxime fortifiante, car elle nous enseigne à tourner au profit de notre développement toutes les circonstances qui nous entourent ! (2) »

C'est à cette idée que Prévost-Paradol s'était lui aussi rattaché : après avoir vanté la supériorité du vrai chrétien « qui a cette méthode et cette ressource admirables de dérober à la mort ses attributs naturels et de ne pas la prendre au sérieux (3) », il écrit : « Si les philosophes ne peuvent imiter que de loin cette sécurité parfaite, ils n'en recueilleront pas moins, pour cette épreuve suprême, le fruit du commerce qu'ils entretiennent avec les choses

(1) *Nouveaux Essais de critique et d'histoire*, 1866, p. 315.
(2) Paul Bourget, *Essais de Psychologie contemporaine*. Étude sur Taine, p. 234 et 240.
(3) *Études sur les Moralistes Français*. Dissertation sur la maladie et la mort, p. 300.

éternelles, soit qu'ils aient pris l'habitude de vivre sous
l'œil d'un Dieu de justice et de bonté et qu'ils aient toujours agi dans l'attente de son jugement, soit qu'ils aient
cherché dans la conception de l'ordre universel et dans
une intelligente adhésion aux lois de la nature la force
nécessaire pour endurer avec calme les maux de cette
vie et pour la quitter sans regret... Savoir de quoi il s'agit
et en prendre notre parti, voilà notre supériorité véritable et notre gloire ! »

No croirait-on pas lire un commentaire du *Manuel* ou
de la troisième maxime ?

Renan a été séduit, lui aussi, par cette philosophie, et
il a, dans sa langue inimitable, glorifié les *Pensées* de
Marc-Aurèle, « cet évangile de ceux qui ne croient pas au
surnaturel... C'est le livre le plus purement humain
qu'il y ait, il ne tranche aucune question controversée...
Ses considérations sont toujours à deux faces, selon que
Dieu et l'âme ont ou n'ont pas de réalité. Quitter la société
des hommes n'a rien de bien terrible, s'il y a des Dieux,
et s'il n'y a pas de Dieux, que m'importe de vivre dans un
monde vide de Dieux ou vide de Providence ? Mais certes
il y a des Dieux et ils ont à cœur les choses humaines.
C'est le dilemme que nous nous faisons à chaque heure,
car si c'est le matérialisme le plus complet qui a raison,
nous qui aurons cru au vrai et au bien, nous ne serons
pas plus dupés que les autres. Si l'idéalisme a raison,
nous aurons été les vrais sages et nous l'aurons été de la
seule façon qui nous convienne, c'est-à-dire sans nulle
attente intéressée, sans avoir compté sur une rémunéra-
tion » (1).

Voilà un nouvel hommage rendu au stoïcisme, que n'atténue pas cette légère teinte d'ironie. Obsédé par l'égale

_____

(1) *Origines du Christianisme*. T. VIII, p. 262 et 272.

légitimité de beaucoup de thèses contradictoires (1), Renan ne prend jamais cette position de combat qui nous paraît la seule façon d'affirmer, « à nous, les disciples de l'insuffisant dogmatisme d'autrefois », et cette page atteste ses sympathies pour une philosophie qui lui permettait de satisfaire les aspirations élevées de sa conscience, sans enchaîner sa liberté.

Certes, il n'a pas été un stoïcien à la manière de Taine, mais il a été comme lui un grand chercheur, et il est curieux de voir cet esprit sans cesse ballotté au gré d'une fantaisie qui souvent n'est qu'apparente, s'arrêter avec complaisance à la doctrine de Marc-Aurèle (2). C'est là qu'il puisait cet optimisme toujours souriant qui donne à sa sagesse une sérénité si tranquille et si douce.

Il y a déjà chez Descartes un peu de cette ironie. Des sommets où plane sa pensée, les mille facettes des choses lui apparaissent dans un tel rayonnement de lumière, que parfois lui aussi s'arrête, étreignant trop de certitudes, devant la vérité qui l'éblouit. Alors, tandis que l'évidence lui commande d'affirmer, une extrême sagesse lui fait aussitôt atténuer cette affirmation même, et sa sincérité l'oblige à apporter une sorte de réserve qui, loin d'être l'aveu d'impuissance du sceptique, est au contraire la marque d'une vision trop clairvoyante. Il n'en condamne pas moins toujours l'irrésolution ; aussi, loin d'aboutir à l'indécision, sa Morale conduit-elle à la pratique de la vertu. Elle rappelle aux âmes inquiètes qu'entre les croyances confessionnelles et le doute ou la négation,

---

(1) *Essais de Psychologie contemporaine*, p. 64.

(2) «... Songe à la mort tous les matins en revoyant la lumière, et tous les soirs en rentrant dans l'ombre, écrit Alexandre Dumas, formulant à son tour sa Morale provisoire. Quand tu souffriras beaucoup, regarde ta douleur en face, elle te consolera elle-même et t'apprendra quelque chose. Efforce-toi d'être simple, de devenir utile, de rester libre et attends, pour nier Dieu, que l'on t'ait bien prouvé qu'il n'existe pas. » *Le Figaro*, supplément du 15 juin 1895.

il reste à la conscience des refuges, et qu'il est « toute
une vénérable tradition de postulats moraux sur qui l'on
peut dire que, depuis les temps historiques, ont vécu tous
les hommes de bien ; car ceux mêmes d'entre eux qui n'y
croyaient pas ont agi comme s'ils y croyaient, et ceux
qui croyaient à quelque chose de plus croyaient à cela
aussi. (1) »

Les principes de cette tradition sont si profondément
humains qu'elle a le privilège d'être en dehors et au-
dessus de toutes les philosophies : elle respecte tous les
doutes, elle ne froisse aucune croyance. Un spiritualiste
comme Malebranche s'en inspire, un positiviste comme
Taine s'y attache, un douteur comme Renan s'en contente, un savant comme M. Berthelot l'exalte : définitive
pour les uns, elle reste pour les autres un asile pendant
la tempête, mais elle peut en toute sécurité être adoptée
par tous.

L'amour du travail, la domination sur soi, la sincérité,
la justice, le dévouement à la famille, à la patrie, à l'humanité, sont des devoirs dont la base est assez éprouvée
pour que nous y donnions notre vie, sans crainte de nous
tromper trop grossièrement, et pour que nos scepticismes
et nos ironies ne soient plus qu'exercices de luxe et d'agré-
ment passager.

(1) Jules LEMAITRE, *Discours de réception à l'Académie française,* 1896.

APPENDICE

A *Monsieur Descartes.*

Monsieur,

J'ay receu le Discours latin que vous avez fait ; Je n'oserois l'appeler vostre Jugement sur mes escrits parce qu'il m'est trop avantageux, et que peut estre vostre affection a corrompu vostre intégrité. Quoy qu'il en soit, vous avez droit de juger, et vous sçavez que quand le Préteur fait une injustice, il ne laisse pas de faire sa charge. Puisque vous me l'ordonnez, je vous envoye les trois Discours, sur le dernier desquels vous me laissastes en partant d'icy. En quelques endroits j'y traite un peu mal les Philosophes Stoïques c'est-à-dire les Cyniques mitigez. Car comme vous dites, ils parlent bien aussi haut, mais ils parlent à leur aise et ne sont pas dans l'austérité de la Règle, quoyqu'ils tiennent les mesmes Maximes. J'ay cru en cela vous plaire, et chatouiller vostre belle humeur. Au premier jour vous aurez les autres Discours, après lesquels mon Copiste se va mettre dès demain. Si on les sépare dans l'impression, il y en aura quinze ou seize : si on les assemble ils feront deux justes Apologies. J'ay rendu moy-mesme le paquet à Mademoiselle de Meusuic. Elle vous doit respondre par une dame de ses amies qui est sur le point de faire un voyage en Bretagne. Au reste, Monsieur, souvenez-vous s'il vous plait de l'*Histoire de vostre Esprit* : Elle est attendue de tous vos amis, et vous me l'avez promise en présence du Père Clitophon, qu'on appelle en langue vulgaire, Monsieur de Gersan. Il y aura plaisir à lire vos diverses aventures dans la moyenne et dans la plus haute région de l'Air ; à considérer vos prouësses contre Géans de l'Escole, le chemin que vous avez fait dans la vérité des choses, etc.,... J'oubliois à vous dire que vostre beurre a gagné sa cause contre celui de Madame la Marquise. A mon goust, il n'est guères moins parfumé que les Marmelades de Portugal, qui me sont venuës par le mesme Messager. Je pense que vous nourrissez vos Vaches de marjolaine et de violettes. Je ne sçay pas mesme s'il ne croist point de cannes de Sucre dans vos Marais, pour engraisser ces excellentes Faiseuses de lait. J'attens de vos nouvelles bien au long, et suis toujours avec passion,

Monsieur,

Vostre très humble et très fidèle Serviteur,

BALZAC.

A Paris, ce 30 Mars 1628 (1).

(1) Cette lettre se trouve dans l'édition du *Socrate Chrestien par le sieur Balzac et autres œuvres du mesme auteur*, à Paris, chez Augustin Courbe, 1652, p. 479. On la rencontre également dans l'édition de 1657 indiquée plus haut.

TABLE

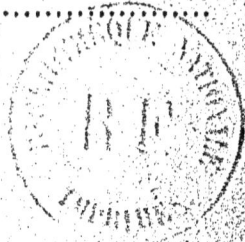

TYPOGRAPHIE

EDMOND MONNOYER

LE MANS (Sartie)

www.ingramcontent.com/pod-product-compliance
Lightning Source LLC
Chambersburg PA
CBHW052346090426
42739CB00011B/2338